Französische Grammatik

Übungsheft 2

Les textes

Französische Grammatik für die Mittel- und Oberstufe
Übungsheft 2
Les textes

Im Auftrag des Verlages erarbeitet von: Dr. Hans-Ludwig Krechel, Sylvie Lepage
Redaktion: Fidisoa R.-Freytag
Bildredaktion: Cynthia Chall, Dr. Ilka Soennecken
Illustrationen: Christoph Grundmann, Darmstadt
Umschlaggestaltung: Heike Börner, Berlin
Gestaltung und technische Umsetzung: graphitecture book & edition

Quellenverzeichnis
Fotos: Bernard Friot: S. 11 – Collection Christophel: S. 52 – Dreamstime.com/Andylid: S. 66/67 – Fotolia.com/tagore75: S. 14, Fotolia.com/VERSUSstudio: S. 30 – Getty Images: S. 55
Texte: Charles de Gaulle: S. 39 – Nouvelles histoires pressées/Collection Milan Poche Junior/Bernard Friot/2007 Éditions Milan: S. 51 – Guy de Maupassant: S. 53

www.cornelsen.de

1. Auflage, 4. Druck 2024

Alle Drucke dieser Auflage sind inhaltlich unverändert
und können im Unterricht nebeneinander verwendet werden.

Druck: GZH d.o.o., Zagreb

ISBN 978-3-06-021449-5

Französische Grammatik

Übungsheft 2

Les textes

Lösungen
aller Übungen der
Entraîne-toi.-Seiten

Entraîne-toi. – Lösungen

1. Gliederung von Texten   Structurer un texte

1 Structurer sa pensée   ▸ p. 9

1.1 Leurs profs préférés

1. *Jasmine:* Pendant deux ans, j'ai eu un prof de maths sévère. **Au début**, j'ai protesté. Mais il m'a dit de faire attention. **C'est pourquoi** j'ai commencé à travailler. **Finalement**, j'ai réussi à avoir des bonnes notes en maths.
2. *Paul:* Bravo à mon prof d'histoire! Il a réussi à me faire apprendre le lourd programme de première S. **C'est ainsi qu'**il m'a aidé pour le bac.
3. *David:* **Au début**, j'avais des mauvaises notes en anglais au collège. Heureusement, j'ai eu une nouvelle prof d'anglais en seconde qui m'a donné envie de pratiquer cette langue dans un pays anglophone. **C'est pourquoi** je suis parti pour six mois aux États-Unis pour perfectionner mon anglais.
4. *Adrienne:* Pendant plusieurs années, j'ai eu le même prof d'italien avec lequel on faisait plein de sorties. On s'entendait bien avec lui. **En plus**, il mettait des bonnes notes.

1.2 Le problème de Claire

J'ai un problème. J'aime mon prof. Je ne le connais pas depuis longtemps. **En effet**, il est nouveau dans mon collège. Quand je l'ai vu pour la première fois, j'ai eu le coup de foudre. C'est bizarre de dire ça **parce que** je ne le connais même pas, et **puis** c'est un adulte.

Il ressemble à mon chanteur préféré. **Mais** avoir cours avec un professeur qui ressemble à mon chanteur préféré, c'est drôle. Je pense souvent à lui. **Bien sûr**, je sais que je n'ai aucune chance avec lui! **En plus**, il est marié. Qu'est-ce que je dois faire?

J'attends **donc** vos avis. Merci!

Claire

1.3 CV tradionnel – ou pas – pour trouver un emploi?

1. $\boxed{G}$ – 2. $\boxed{B}$ – 3. $\boxed{D}$ – 4. $\boxed{F}$ – 5. $\boxed{A}$ – 6. $\boxed{C}$ –7. $\boxed{E}$

1.4 Les avis des jeunes

Presque tous les jeunes disent qu'ils ont déjà discuté avec les adultes des questions de santé, d'alimentation ou de nouvelles technologies. **Mais** quand les jeunes discutent entre eux, leurs sujets préférés sont l'amour, le racisme, la drogue et la sexualité. Les filles souhaitent parler des relations amoureuses et de la sexualité. **Par contre**, les garçons citent plutôt des sujets tels que l'informatique, les guerres, la politique ou la télévision.

Par ailleurs, la majorité des jeunes pense que leurs parents les écoutent. C'est la mère qui semble être celle qui prend le plus souvent en compte l'avis des jeunes.

Pourtant, beaucoup de jeunes pensent que leur avis n'influence pas la vie scolaire, **surtout** en ce qui concerne leur emploi du temps (heures de cours trop matinales ou tardives) ou la manière d'enseigner. La plupart d'entre eux trouve que la direction de leur école ne les écoute pas assez. Et **donc**, ils voudraient bien que cela change.

1.5 Bernard Friot

Musterlösung

Bernard Friot est un écrivain français. Il est né près de Chartres en 1951. **Au début**, il a habité dans plusieurs villes de France et d'Allemagne où il a longtemps été professeur de français.

Ensuite, il s'est intéressé aux pratiques de lecture des enfants et adolescents. C'est la raison pour laquelle, il a été, pendant quatre ans, responsable du Bureau du livre de jeunesse à Francfort. **Finalement**, il s'est installé à Besançon où il se consacre à l'écriture et à la traduction.

Bernard Friot affirme qu'il déteste écrire. **Pourtant**, il est l'auteur de nombreux livres: *Histoires pressées, Nouvelles histoires pressées, Encore des histoires pressées.*

2 Formuler son avis et argumenter ▸ p.12

2.1 Victime de la mode?
a) Musterlösung
1. *Tristan:* **Pour ma part**, la mode n'est pas importante et on peut s'habiller comme on veut.
2. *Aurélie:* **Sans aucun doute**, la mode, c'est important pour être bien habillé.
3. *Mylène:* **Quant à moi**, c'est mieux d'être belle pour avoir des amies.
4. *Bénédicte:* **Pour moi**, la mode n'est pas essentielle: ça ne révèle pas forcément notre personnalité.
5. *Théo:* **À mon avis**, l'important, c'est d'être bien dans sa peau et de ne pas écouter les autres.
6. *Cyril:* **En ce qui me concerne**, le look n'a pas d'importance et les gens s'habillent comme ils veulent.

b) Musterlösung
1. *Tristan:* **Je pense que la mode n'est pas** importante et **qu'on peut** s'habiller comme on veut.
2. *Aurélie:* **Je ne crois pas que la mode, ce soit** important pour être bien habillé.
3. *Mylène:* **Je ne pense pas que ce soit** mieux d'être belle pour avoir des amies.
4. *Bénédicte:* **Je crois que la mode n'est pas** essentielle: ça ne révèle pas forcément notre personnalité.
5. *Théo:* **Je suis sûr que l'important, c'est** d'être bien dans sa peau et de ne pas écouter les autres.
6. *Cyril:* **Je doute que le look n'ait pas** d'importance et **que les gens s'habillent** comme ils veulent.

2.2 Marc n'est pas du même avis que Clarisse
a) Musterlösung
1. **Je suis d'avis qu'une société peut** exister sans école.
2. **Selon moi, on devrait** passer son permis de conduire à 15 ans.
3. **En ce qui me concerne, une vie sans portable n'est plus** possible.
4. **Il me semble que les gens doivent** twitter pour raconter leur vie.
5. **Je suis sûr que la musique classique est** dépassée.
6. **Je suis convaincu que les jeunes peuvent** oublier leurs problèmes en prenant de la drogue.
7. **Je suis certain que le mariage ne sert** à rien.

b) Musterlösung
1. **Je ne crois pas qu'une société puisse** exister sans école.
2. **Je ne suis pas d'avis qu'on doive** passer son permis de conduire à 15 ans.
3. **Je ne pense pas qu'une vie sans portable ne soit plus** possible.
4. **Je ne crois pas que les gens doivent** twitter pour raconter leur vie.
5. **Je doute que la musique classique soit** dépassée.
6. **Contrairement à toi, je dis que les jeunes ne peuvent pas** oublier leurs problèmes en prenant de la drogue.
7. **Je n'ai pas l'impression que le mariage ne serve** à rien.

2.3 Le portable à l'école

Bonjour! Je voudrais parler d'un sujet à la mode, et **plus précisément** du portable à l'école.
En effet, le portable est interdit au collège en France. **Par contre**, il est autorisé dans la cour des lycées.
Pourtant, certains élèves de lycée veulent utiliser leur portable **non seulement** dans la cour, **mais aussi** en cours.
Quant à moi, je suis pour l'autorisation du portable à l'école, dans la cour … mais pas en cours! Je pense **aussi** que les profs n'aiment pas faire cours pendant que les élèves s'amusent avec leur portable.
Et vous, êtes-vous pour l'utilisation du portable à l'école uniquement dans la cour ou non?
Merci pour vos avis!
Juliane

2.4 Quand les parents se séparent

Mes parents se sont séparés. **C'est pourquoi** je voyage régulièrement entre leurs deux maisons. **À mon avis**, ça ne va pas changer. Pendant longtemps, j'ai fait comme si tout allait bien. Mais un jour, j'ai compris que ça n'allait vraiment plus entre mes parents. Je n'en ai pas parlé avec mes copains **étant donné qu'**aucun d'entre eux n'a vécu ça. Mais il est possible que d'autres jeunes lecteurs vivent la même chose que moi et **peut-être** aimeraient-ils en parler avec moi? **Ce qui compte**, c'est de ne pas être seul.
Écrivez-moi. (Clem 15 ans)

2.5 L'amitié

Bonjour,
Voilà ma réponse à votre enquête.
Quand j'avais 17 ans, j'avais beaucoup d'amis. J'étais **indiscutablement** très populaire au lycée. Mes parents étaient d'accord que je **sorte** et que j'invite aussi mes amis à la maison.
J'avais des amis dont les parents ne s'occupaient pas beaucoup. C'est la raison pour **laquelle** ceux-ci venaient chez moi.
Mes parents étaient tolérants, **mais** ça les énervait. «Je ne pense pas que **ce soit** une bonne idée que tes amis passent tout le week-end ici» disait ma mère.
La fin du week-end arrivait et je devais travailler même si j'étais très fatiguée. Mon père disait: «J'aimerais que tu **comprennes** que tu ne peux pas continuer comme ça. Je doute que tu réussisses tes examens.»
Aujourd'hui je sais **qu'il** n'était pas normal que je **reçoive** trop d'amis chez moi tout le week-end.
Maintenant j'ai moins d'amis. Mais **ce qui** compte, c'est que ce sont des relations plus solides.
À plus!
Nina

3 Préciser et illustrer sa pensée   ▸ p.15

3.1 Les jeunes en France
Musterlösung

1. Aujourd'hui, la majorité des jeunes Français est gâtée par leurs parents. **Par exemple**, 45 % des jeunes entre 14 et 17 ans reçoivent de l'argent de poche et 92 % possèdent un téléphone portable.
2. Les jeunes aiment moins la lecture. **Cela se voit aux** chiffres suivants: 40 % des jeunes ont indiqué en 1970 qu'ils aimaient la lecture, tandis qu'en 2013, ils étaient seulement 16 %.
3. **Si on prend l'exemple de** la presse quotidienne, l'évolution est semblable: En 1970, 36 % des jeunes lisaient les journaux – en 2012, 10 % seulement.
4. De nos jours, les jeunes Français préfèrent consommer d'autres médias, et **plus précisément** la télé et Internet.
5. Plus de jeunes passent le bac aujourd'hui en France. **En effet**, près de 70 % des jeunes Français ont passé le bac en 2013. Il y en avait seulement 20,1 % en 1970.

3.2 Dernières nouvelles

Musterlösung

1. Gérard Depardieu, acteur français célèbre, quitte la France **parce qu'**il veut payer moins d'impôts.
2. Nous devons dépenser moins d'argent; **autrement dit**, nous devons économiser.
3. **Si on prend le cas de** la politique de lutte contre la drogue, la Suède mène une politique efficace.
4. Le harcèlement au collège a augmenté! **Plus précisement**, 10 % des collégiens déclarent être harcelés en 2012.
5. Salon du livre de jeunesse à Trouville
   Beaucoup d'auteurs sont venus. **Par exemple**, Bernard Friot, Anne Pouget, Fred Bernard, Monique Proulx.

4 Encore plus de textes   ▸ p.16

4.1 Mon mail à Petros

Salut Petros,

Je comprends que tu hésites, mais je ne pense pas que tu **doives** laisser passer une chance comme celle-ci. Bien sûr, cela va être difficile de laisser ta petite copine et ta famille pendant un an. Comme tu vas partir très loin, j'imagine que tu ne **peux** pas revenir facilement. Pourtant tu dois penser à tous les avantages d'une année d'études au Québec!

D'abord, il est possible que tu **aies** des cours en français et en anglais. Tu pourras améliorer tes deux langues.

Ensuite, les universités québécoises sont super bien équipées. Prenons l'exemple **des** labos de haute technologie, installations sportives etc.

Je ne crois pas que les études **soient** plus chères qu'en Europe. **Au contraire**, la vie au Québec est moins chère que dans d'autres régions du Canada.

Bien que tu **sois** certainement inquiet à cause du froid, je suis sûr que tu vas te sentir bien.

Je ne doute pas que tu **doives** partir. C'est sûr que tu reviendras avec des beaux souvenirs!

Ton ami/e

4.2 Ton avis sur le nucléaire

Musterlösung

Cher Paul,

J'ai lu ta lettre mais je ne suis pas d'accord avec toi. **Pour ma part, je suis très content que l'Allemagne ait décidé** de démanteler ses réacteurs nucléaires. Depuis la catastrophe dans la centrale de Fukushima, **il me semble que beaucoup de pays remettent** en question l'énergie nucléaire.

Je ne crois pas qu'on puisse éviter les accidents en améliorant la technologie. Quelle centrale pourrait résister à une attaque terroriste venant du ciel, **par exemple**?

De plus, les déchets nucléaires sont très polluants **étant donné que** le plutonium a une durée de vie d'environ 20.000 ans. Mettre sous terre les déchets radioactifs est dangereux **car** un tremblement de terre est toujours possible.

Je ne comprends pas que tu aies un avis différent. **Tu dis que le nucléaire ne produit pas** de CO_2, **contrairement au** charbon et au gaz. **Mais** il faut développer les énergies renouvelables comme celles qui viennent du vent ou au soleil. **Il est probable que cela ne suffise pas**, **c'est-à-dire qu'**il faut aussi revoir notre mode de vie pour diminuer notre consommation d'énergie.

Il est évident que nous devons tout faire pour préserver notre planète pour les générations futures. J'espère que tu vas bien et qu'on va se revoir bientôt.

Thilo

2. Schreibabsichten und grammatische Strukturen
Des structures grammaticales utiles pour la rédaction d'un texte

1 Fonder le choix d'un sujet   ▸ p. 20

1.1 Quels métiers pour les jeunes?

a) 1. Mais je me demande si c'est un métier difficile. – 2. Mais je me demande si j'aurai peur de voir les animaux souffrir. – 3. Je me demande pourquoi ils n'acceptent pas les jeunes de moins de 18 ans. – 4. Je me demande quelles études il faut faire. – 5. Je me demande où je vais trouver une bonne formation. – 6. Je me demande comment on devient photographe professionnel.

b) 1. Mais est-ce un métier difficile? – 2. Mais aurai-je peur de voir les animaux souffrir? – 3. Pourquoi n'acceptent-ils pas les jeunes de moins de 18 ans? – 4. Quelles études faut-il faire? – 5. Où vais-je trouver une bonne formation? – 6. Comment devient-on photographe professionnel?

1.2 Ce que j'aime

1. Ce que je déteste, ce sont les émissions de téléréalité car on ne sait jamais si ce qui se passe est vrai. – 2. Ce que j'adore, c'est cuisiner pour mes amis. – 3. Ce qui me plaît, c'est d'écouter mon ami jouer de la flûte. – 4. Ce que je déteste, c'est que ma famille me pose des questions sur le lycée. – 5. Ce qui est amusant, c'est de partir en vacances avec ses amis. – 6. Ce qui est ennuyeux, c'est de faire ses devoirs pendant le week-end.

1.3 C'est mon avis qui compte
Musterlösung

a) 1. C'est le nouveau journaliste qui présente le journal de 20 heures que j'aime beaucoup.
2. C'est le film «The Artist» qui a eu du succès dans le monde entier.
3. C'est ARTE qui montre des bonnes émissions pour les ados.
4. C'est cette chaîne qui attire chaque année de plus en plus de spectateurs.
5. C'est le nouveau magazine MagaJeunes qui plaira beaucoup aux jeunes.
6. C'est ce magazine qu'ils vont apprécier pour son originalité.

b) 1. Je doute que le film «The Artist» ait eu du succès dans le monde entier.
2. Je doute qu'ARTE montre des bonnes émissions pour les ados.
3. Je doute que cette chaîne connaisse de plus en plus de succès.
4. Je doute que le nouveau magazine MagaJeunes plaise beaucoup aux jeunes.

1.4 Partir en vacances

Selon une enquête, **la majorité des jeunes attend** de pouvoir partir en vacances. **Très peu d'entre eux** pensent que partir en vacances n'est pas important. Pourtant, **la plupart (d'entre eux) n'a** pas la chance de partir régulièrement. **Peu de jeunes ne partent jamais** en vacances. Ceux qui ne partent pas en vacances, donnent **souvent** comme raison principale le manque d'argent et le manque de temps. Les séjours linguistiques ne concernent que **peu de** jeunes de 11 à 23 ans. / Les séjours linguistiques concernent **rarement** les jeunes de 11 à 23 ans. **Pour une minorité de jeunes écoliers**, les devoirs de vacances sont une activité importante.

2 Introduire l'argumentation   ▸ p. 22

2.1 Voilà le sujet!
1. D – 2. C – 3. A – 4. E – 5. B

2.2 Les bons conseils d'un prof à ses élèves

a) 1. Il faut discuter des problèmes de l'environnement. – 2. Il faut d'abord poser les bonnes questions. – 3. Il faut faire un plan pour structurer notre discussion. – 4. Il faut ensuite examiner le sujet de plus près. – 5. Il faut finir la discussion par une conclusion positive.

b) 1. Il faut que nous discutions des problèmes de l'environnement. – 2. Il faut que nous posions d'abord les bonnes questions. – 3. Il faut que nous fassions un plan pour structurer notre discussion. – 4. Il faut que nous examinions ensuite le sujet de plus près. – 5. Il faut que nous finissions la discussion par une conclusion positive.

3 Citer quelqu'un ▸ p. 23

3.1 Des citations sur l'amour
Musterlösung

a) 1. Alfred de Musset dit que l'absence ni le temps ne sont rien quand on s'aime. 2. – Paul Valéry affirme que l'amour consiste à être bête ensemble. – 3. Georges Bernanos prétend que l'enfer, c'est de ne plus aimer. – 4. Mère Teresa affirme que le manque d'amour est la plus grande pauvreté.

b) 1. Alfred de Musset **a dit** que l'absence ni le temps **n'étaient rien** quand on s'aime. – 2. Paul Valéry **a affirmé** que l'amour **consistait** à être bête ensemble. – 3. Georges Bernanos **a prétendu** que l'enfer, **c'était** de ne plus aimer. – 4. Mère Teresa **a affirmé** que le manque d'amour **était** la plus grande pauvreté.

3.2 L'interview
Le journaliste demande si Juliette Gaspard a toujours voulu être actrice.
Il demande comment elle a appris son métier.
Il demande si ses parents / les parents de Juliette Gaspard étaient d'accord.
Il demande si c'est vrai qu'elle préfère le théâtre et pourquoi elle préfère le théâtre.
Il demande si elle aimerait jouer à Hollywood.
Il demande pourquoi elle choisit des rôles très différents.

4 Justifier une affirmation ▸ p. 24

4.1 Des raisons pour partir à l'étranger

a) 1. Kiara va passer trois mois dans une famille française comme elle a envie de mieux parler la langue. – 2. Tobias va étudier à l'étranger avec le programme Erasmus puisqu'il ne veut pas manquer cette expérience. – 3. Ilona va faire un stage dans une entreprise au Québec parce qu'elle veut découvrir un nouveau pays. – 4. Hannah va travailler comme assistante dans un lycée français car elle souhaite devenir professeur de français.

b) 1. Ayant envie de mieux parler la langue, Kiara va passer trois mois dans une famille française. – 2. Ne voulant pas manquer cette expérience, Tobias va étudier à l'étranger avec le programme Erasmus. – 3. Voulant découvrir un nouveau pays, Ilona va faire un stage dans une entreprise au Québec. – 4. Souhaitant devenir professeur de français, Hannah va travailler comme assistante dans un lycée français.

4.2 Il faut donner des arguments
1. L'abus de tabac peut tuer. **Par conséquent**, Gaspar ne touchera jamais à une cigarette.
2. Adèle reste à la maison **car** elle est malade.
3. Claire n'arrête pas de rigoler. **En effet**, le film qu'elle regarde l'amuse beaucoup.
4. **Ayant** peu de temps, Mehdi ne peut pas se préparer suffisamment à son examen.
5. **Étant** très timide, Jules n'ose pas dire la vérité à son prof.
6. Patrick n'aime pas sortir le soir, il reste **donc** toujours chez lui après le dîner.

4.3 Voilà ses arguments

Musterlösung

Chers parents,

Je voudrais partir étudier en Allemagne. **Voilà le problème, car** je sais que vous êtes contre. **Cependant**, pour moi, c'est essentiel. **Je suis convaincue que** c'est important pour moi et pour ma vie future. **Je ne pense pas que** je puisse vraiment parler allemand si je reste en France. J'aimerais vivre dans une famille, **par exemple** à Cologne ou à Berlin. Je pourrais **alors** parler allemand toute la journée. **En plus**, j'irai à des cours d'allemand. **À mon avis**, les cours m'aideront **d'une part** à perfectionner mes connaissances dans la langue étrangère, **d'autre part** à élargir mes connaissances sur la culture allemande. **Un exemple en est que** j'aimerais aussi suivre des cours d'histoire et de géographie. **Je ne pense pas qu'**il y ait une meilleure alternative pour moi.

Aidez-moi **donc** à aller vivre une année en Allemagne. **Je suis sûre** qu'une telle année n'est pas perdue pour moi. **En plus**, vous pourriez venir me voir et aussi découvrir l'Allemagne et les Allemands. **Je crois que** c'est aussi intéressant pour vous. **Par conséquent**, ayez confiance en moi.

Merci et grosse bises!

5 Considérer les deux côtés d'une chose ▸ p.26

5.1 Avantages et inconvénients des réseaux sociaux

Les réseaux sociaux **ne** sont **ni** bons, **ni** mauvais. Tout dépend de ce qu'on en fait. **D'une part**, ils nous permettent d'être en contact avec nos amis, même ceux qui habitent loin. **D'autre part**, on peut y mettre des photos et des vidéos. C'est un bon moyen de partager sa vie.

Malgré leurs nombreux avantages, les réseaux sociaux présentent aussi quelques dangers. On peut **non seulement** y passer trop de temps, **mais aussi** être victime de mauvaises rencontres. Il ne faut pas entrer en contact avec des inconnus, et surtout ne pas accepter de rendez-vous avec eux. **Mais** dans l'ensemble, les réseaux sociaux peuvent nous apporter beaucoup si on reste prudent.

5.2 Malgré tout

a) 1. Malgré son jeune âge, Karim est déjà professeur. – 2. Malgré son amour pour la campagne, Thibaut vit en ville. – 3. Malgré sa peur de l'eau, Mélanie apprend à nager. – 4. Malgré son intérêt pour les sciences, Clara étudie la littérature. – 5. Malgré sa peur des insectes, Rémi fait souvent du camping. – 6. Malgré son envie de dormir, Hélène continue à travailler. – 7. Malgré son intelligence, Nathan se comporte comme un idiot.

b) 1. Bien qu'il soit jeune, Karim est déjà professeur. – 2. Bien qu'il aime la campagne, Thibaut vit en ville. – 3. Bien qu'elle ait peur de l'eau, Mélanie apprend à nager. – 4. Bien qu'elle s'intéresse aux sciences, Clara étudie la littérature. – 5. Bien qu'il ait peur des insectes, Rémi fait souvent du camping. – 6. Bien qu'elle ait envie de dormir, Hélène continue à travailler. – 7. Bien qu'il soit intelligent, Nathan se comporte comme un idiot.

5.3 Malgré leurs qualités ou leurs défauts

a) 1. Bien que / Quoique Nicolas soit musicien, il chante faux.

2. Bien que / Quoique Marie étudie peu, elle réussit ses examens.

3. Bien qu' / Quoiqu'Alice fasse bien la cuisine, elle ne sait pas faire des gâteaux.

4. Bien que / Quoique Diane lise peu, elle a beaucoup de vocabulaire.

5. Bien que / Quoique Samuel dorme peu, il est toujours en forme.

6. Bien que / Quoique Marco parle peu le français, il n'a pas peur de s'exprimer.

b) 1. D'un côté, Nicolas est musicien, mais de l'autre côté, il chante faux.

2. D'un côté, Marie étudie peu, mais de l'autre côté, elle réussit ses examens.

3. D'un côté, Alice fait bien la cuisine, mais de l'autre côté, elle ne sait pas faire des gâteaux.

4. D'un côté, Diane lit peu, mais de l'autre côté, elle a beaucoup de vocabulaire.

5. D'un côté, Samuel dort peu, mais de l'autre côté, il est toujours en forme.

6. D'un côté, Marco parle peu le français, mais de l'autre côté, il n'a pas peur de s'exprimer.

c) 1. Tout en étant musicien, Paul chante faux.

2. Tout en étudiant peu, Marie réussit ses examens.

3. Tout en faisant bien la cuisine, Alice ne sait pas faire des gâteaux.

4. Tout en lisant peu, Diane a beaucoup de vocabulaire.

5. Tout en dormant peu, Samuel reste toujours en forme.

6. Tout en parlant peu le français, Marco n'a pas peur de s'exprimer.

6 Formuler des conditions   ▸ p. 27

6.1 En cas de problème

a) 1. Appelle la police au cas où un danger se présente.

2. Consulte un médecin au cas où une maladie s'annonce.

3. Appelle les pompiers au cas où il y a un incendie.

4. Il faut en parler à tes parents au cas où quelqu'un t'agresse au lycée.

b) 1. Appelle la police en cas de danger.

2. Consulte un médecin en cas de maladie.

3. Appelle les pompiers en cas d'incendie.

4. Il faut en parler à tes parents en cas d'agression au lycée.

6.2 Des conditions plus favorables

a) 1. Les profs auront plus de succès en cours **s'ils utilisent des méthodes plus motivantes**.

2. Les profs auront plus de succès en cours **s'ils lisent des textes plus intéressants avec leurs élèves**.

3. Les profs auront plus de succès en cours **s'ils sont moins autoritaires**.

4. Les profs auront plus de succès en cours **s'ils offrent plus de soutien aux élèves**.

b) 1. Les profs auront plus de succès en cours **en utilisant des méthodes plus motivantes**.

2. Les profs auront plus de succès en cours **en lisant des textes plus intéressants avec leurs élèves**.

3. Les profs auront plus de succès en cours **en étant moins autoritaires**.

4. Les profs auront plus de succès en cours **en offrant plus de soutien aux élèves**.

7 Faire une description   ▸ p. 28

7.1 Portrait de Pénélope Bagieu

Pour l'interview, Pénélope Bagieu qui est une auteure de bédés arrive avec un **gros casque bleu** sur les oreilles, des **beaux bijoux** et une **longue jupe blanche**. C'est une **jeune femme fascinante**. Pénélope Bagieu est une **excellente illustratrice**. Elle a trouvé sa place dans le monde de la bédé qui est encore dominé par les hommes. C'est une **femme active, fraîche et pleine d'humour**. Pour elle, être dessinatrice de bédés, c'est un **travail énorme** mais qui est aussi **fascinant**.

7.2 Un exercice plus amusant qu'une interro

a) 1. un élève plus intelligent que son prof: un génie – 2. un animal moins dangereux qu'un lion: une girafe – 3. une plante plus belle qu'un cactus: une rose – 4. un bâtiment plus haut qu'un bungalow: un gratte-ciel – 5. un jeu moins brutal que le rugby: la pétanque

b) 1. Un génie est un élève plus intelligent que son prof. – 2. Une girafe est un animal moins dangereux qu'un lion. – 3. Une rose est une plante plus belle qu'un cactus. – 4. Un gratte-ciel est un bâtiment plus haut qu'un bungalow. – 5. La pétanque est un jeu moins brutal que le rugby.

7.3 Portraits d'élèves et de profs

Musterlösung

a) Pour moi, Noah est l'élève le plus sympathique. Il est grand et il a les cheveux blonds et courts. Il a l'air d'être cool, drôle, tolérant et toujours optimiste. Il porte des vêtements sportifs et il joue au ballon.

b) Selon moi, la femme est la prof la moins sympathique. Elle porte une jupe. Ses yeux sont froids, elle a les cheveux roux. Elle paraît sévère et autoritaire. Elle est peut-être même méchante. En tout cas, elle n'a pas l'air de bonne humeur.

8 Décrire des conséquences ▸ p.30

8.1 Les conséquences de la pollution

À la suite de la pollution, nous vivons dans un monde sale et pollué. La qualité de la vie est de plus en plus mauvaise. Il est inévitable que les habitants ne se sentent plus bien dans leur peau.

La pollution de l'air détruit la couche d'ozone. Il en résulte qu'on est exposé aux rayons du soleil. Par conséquent, les cancers de la peau augmenteront.

8.2 Sauver la planète

Quand je sors d'une pièce, j'éteins toujours la lumière pour économiser l'électricité. Cela fait à la fois des économies d'énergie et des économies sur la facture d'électricité.

Avant de dormir, je règle le chauffage de ma chambre de manière que la température ne dépasse pas 17 degrés.

Un bain consomme 250 litres d'eau, ce qui est l'équivalent de cinq douches! Alors je prends toujours des douches afin de diminuer ma consommation d'eau.

J'utilise l'eau froide pour laver les fruits et les légumes. Je donne l'exemple pour que mes parents fassent pareil.

Quand je fais les courses, j'emporte toujours un sac afin de ne pas utiliser des sacs en plastique. Je donne aussi un sac à mon frère de façon qu'il suit mon exemple.

Je choisis des produits avec des emballages en verre ou en carton pour qu'ils puissent être recyclés. Tout cela n'est pas très difficile à faire. C'est ma contribution et cela peut être la vôtre aussi.

9 Formuler des suppositions, des certitudes et des jugements ▸ p.31

9.1 Les certitudes du commissaire

Musterlösung

Je sais que les crimes ont eu lieu dans un seul quartier.

Il est clair que le meurtrier connaît bien le quartier.

Je suis sûr que le meurtrier vit dans ce quartier.

Il est évident que le meurtrier est intelligent.

Je suis persuadé que le meurtrier a les cheveux bruns.

Je suis certain qu'il mène une vie régulière.

Je suis convaincu qu'il agira encore une fois.

9.2 Les suppositions du prof

1. **Je crois que ce sont** surtout les garçons qui ne s'intéressent pas au cours de français.
2. **Je suis sûr que les élèves sont** trop distraits et **ne travaillent pas** assez.
3. **Selon moi, ils seraient** plus attentifs si on leur proposait d'autres sujets.
4. **Je crois qu'ils feraient** plus attention en cours s'ils avaient plus de temps libre.
5. **Il est impossible que nous puissions** changer leur comportement ce trimestre.
6. **Je suis convaincu qu'il faut** attendre la fin de leur puberté pour qu'ils changent.

9.3 Des opinions différentes
Musterlösung
a) 1. Je trouve que les pays riches de l'Union européenne devraient aider davantage les pays pauvres.
2. Je crois que le programme Erasmus est l'un des meilleurs programmes européens.
3. Je suis d'avis que l'Allemagne et la France sont les moteurs de l'Union européenne.
4. Je trouve qu'il est plus facile de voyager dans l'Union européenne.
5. Je pense que la possibilité de travailler n'importe où dans l'Union européenne est une bonne chose.
6. Je crois que les jeunes Européens ont de plus en plus envie d'apprendre les langues étrangères.
b) 1. Je ne trouve pas que les pays riches de l'Union européenne doivent aider davantage les pays pauvres.
2. Je ne crois pas que le programme Erasmus soit l'un des meilleurs programmes européens.
3. Je ne suis pas d'avis que l'Allemagne et la France soient les moteurs de l'Union européenne.
4. Je ne trouve pas qu'il soit plus facile de voyager dans l'Union européenne.
5. Je doute que la possibilité de travailler n'importe où dans l'Union européenne soit une bonne chose.
6. Je ne crois pas que les jeunes Européens aient de plus en plus envie d'apprendre les langues étrangères.

9.4 On s'étonne
1. «La tête en friche» est le film le plus touchant qu'Éric ait vu.
2. Marion Cotillard est la meilleure actrice française que Mara connaisse.
3. «Paris plage» est le spectacle le plus bizarre que Lucie ait observé.
4. Omar Sy est le meilleur acteur qui puisse jouer le rôle de Driss dans le film «Intouchables».
5. Les Jeux Olympiques est l'événement sportif le plus spectaculaire que le monde connaisse.
6. La tour Eiffel est le monument le plus haut dans lequel Marc et Claire soient montés.

9.5 Chez la conseillère d'orientation
La conseillère d'orientation: Bonjour, Gilles. Je m'appelle Marie Rouard. Je suis ta conseillère d'orientation.
Gilles: Bonjour, Madame.
La conseillère: J'ai regardé les tests que tu as faits sur ordinateur et **il est évident** que tu t'intéresses aux métiers où tu pourras avoir un contact avec les gens.
Gilles: Oui, c'est exact.
La conseillère: Étant donné les résultats des tests, je suis **persuadée** que tu **écris** bien. **Je sais** que tu es curieux. **À mon avis**, le métier de journaliste te **conviendrait**.
Gilles: Mais **je pense** que c'est très difficile de devenir journaliste.
La conseillère: Je suis **convaincue** que tu en es capable. Mais est-ce que tu t'intéresses à l'actualité?
Gilles: Oui, mais il n'est pas **sûr** que je **réussisse**. Je suis **certain** qu'il y a beaucoup d'autres jeunes qui veulent devenir journalistes.
La conseillère: As-tu une bonne mémoire?
Gilles: Je pense que oui.

La conseillère: Alors, il est **clair** que ce métier **est** fait pour toi. Si tu veux plus de renseignements, tu **trouveras** toutes les informations dans cette brochure.

Gilles: Merci Madame. Je vais la regarder. Au revoir!

La conseillère: Au revoir, Gilles!

10 Encore plus de textes ▸ p.34

10.1 Leurs avis

a) 1. *Yann:* Il faut que nous <u>faisions</u> des efforts pour améliorer nos relations avec nos parents.

2. *Cédric:* Si les parents faisaient davantage confiance à leurs enfants, ceux-ci <u>deviendront</u> plus vite autonomes.

3. *Nathalie:* Si mes parents <u>ont</u> été plus jeunes, il y aurait eu moins de différences entre nous.

4. *Frank:* Je trouve normal que les jeunes <u>peuvent</u> dire ce qu'ils pensent à leurs parents.

5. *Diane:* Les parents doivent laisser leurs enfants prendre des décisions afin qu'ils <u>soit</u> capables de surmonter seuls leurs problèmes.

6. *Luc:* Je crois que nos parents <u>aient</u> peur de nous perdre. C'est pourquoi ils interviennent dans nos choix.

7. *Marina:* Je suis persuadée que les jeunes Allemands et les jeunes Français <u>aient</u> le même genre de problème avec leurs parents.

b) 1. que nous **fassions**

2. ceux-ci **deviendraient**

3. Si mes parents **avaient été**

4. que les jeunes **puissent**

5. qu'ils **soient**

6. que nos parents **ont**

7. que les jeunes Allemands et les jeunes Français **ont**

10.2 Conflit de générations

Musterlösung

Bien que les conflits entre parents et enfants existent depuis toujours, des sociologues affirment **qu'**ils sont plus graves aujourd'hui. **Ce qui** augmente les différences entre parents et enfants, ce sont les nouvelles technologies et la liberté qu'elle leur donne.

D'un côté les jeunes qui sont nés avec Internet ne savent pas s'en passer. De l'autre côté, les parents ne comprennent pas pourquoi leurs enfants passent des heures devant leur ordinateur. **Tout en vivant** dans la même maison, parents et enfants ont l'impression que chacun vit dans son monde.

Parents et enfants ont aussi d'autres raisons de se disputer. Les jeunes d'aujourd'hui ont envie d'indépendance. Mais **comme** ils dépendent de leurs parents pour l'argent, ceci provoque des conflits.

Il est clair qu'il y **a** aussi des différences d'opinion sur le choix des amis et le choix des études. **Il en résulte** des tensions. Il est vrai que les parents **ont** plus d'expérience que leurs enfants. Mais est-ce que cela leur donne le droit de décider pour leurs enfants?

Bien qu'il **soit** difficile pour les parents d'accepter que leur enfant grandit, ils doivent lui faire confiance. Les jeunes ne veulent plus être considérés comme des enfants.

Dans la littérature, on trouve des exemples de conflits entre les générations. **Prenons l'exemple** de Roméo et Juliette qui s'aimaient **malgré** l'opposition de leurs parents. Mais heureusement, les conflits d'aujourd'hui ne se terminent pas aussi mal.

3. Gesprochenes und geschriebenes Französisch
Français parlé et français écrit

1 Le français familier   ▸ p. 37

1.1 Mon meilleur pote

1. *Florent:* Mon meilleur ami, c'est Paul. Il joue de la guitare comme un dieu.
2. *Jérémie:* Oui, c'est vrai. Mais je n'aime pas Paul. / Mais je ne l'aime pas.
3. *Léonie:* Ma copine Ninon aime le cinéma. On y va souvent l'après-midi après les cours.
4. *Florent:* Ça ne m'étonne pas, car Ninon rêve de devenir actrice.
5. *Léonie:* Oui, je (le) sais. Elle veut travailler au théâtre ou au cinéma.

1.2 Un mail de Florence

Salut Michaela,

J'ai passé un super week-end. Comme j'ai réussi mon bac, ma mère m'a donné **de l'argent**. Ça tombait bien parce que **je n'avais plus rien**. J'ai fait du shopping avec **une amie / une copine**. Je me suis acheté des **vêtements** et une nouvelle paire de **chaussures**. Puis je suis allée chez le coiffeur parce que **je ne supportais plus mes cheveux / ma coiffure**. **J'aime bien** mon nouveau look.

L'après-midi, je suis allée au **cinéma** avec **mon frère** et **sa petite amie**. Le film était **très** drôle. **On s'est bien amusés / On a bien ri**. Le soir, **on est allés manger** dans un petit **restaurant** au Quartier latin. Après on a pris **la voiture** de mon **frère** pour aller faire **la fête dans une discothèque**.

Et toi, **tu as** passé un week-end sympa?

Grosses bises

Florence

1.3 Vacances à Cabourg

a)

Abréviations	Mots familiers / Expressions familières	Absence de négation	Phrases segmentées
prof	on (prend / joue / va)	la mer est pas chaude	– Ses parents, ils ont
corres	on bosse	c'est pas important	un appart (...)
appart	le temps est trop pourri	s'il pleut pas	– Mais, moi, le tennis,
Y a	on se fait un tennis	j'aime pas trop	j'aime pas trop.
petit déj	cool	j'ai jamais passé	– Alex, lui, ça fait dix
faut faire	ça fait		ans qu'il va à
Alex	des fois		Cabourg.
l'aprèsm'	il en a marre		
foot	salut		
ciné			

b) Musterlösung

Cher **Monsieur Miermont**,

Je suis en vacances chez mon **correspondant** Alexandre depuis deux semaines. **Ses parents ont** un **appartement** au bord de la mer à Cabourg, en Normandie. **Il y a** beaucoup de soleil.

Le matin, **nous prenons le petit déjeuner** vers dix heures. Après **nous travaillons** un peu parce qu'en France, **il faut** faire des devoirs de vacances! Alors j'aide Alex **à travailler son allemand**.

L'après-midi, nous jouons au football ou **nous allons** nager. La mer **n'est pas** chaude mais **ce n'est pas important**.

Quand **il fait très mauvais, nous allons** au **cinéma**. Ou **s'il ne pleut pas, nous jouons au** tennis. Mais, **je n'aime pas tellement le tennis**.

13

Je n'ai jamais passé des vacances aussi **reposantes**! **Cela fait dix ans qu'Alexandre va à Cabourg.**
Parfois, il en a assez et il voudrait partir ailleurs. Alors, je l'ai invité chez moi pour l'été prochain.
Bien cordialement
Tobias

2 Le français soutenu ▸ p. 39

2.1 Discours de l'Hôtel de Ville de Paris, 25 août 1944

Connecteurs	Interrogations	Voix passive	Futur simple
– mais (Paris libéré) – Puisque (l'ennemi) – mais (plus certaine que jamais) – d'abord – mais (il n'est pas encore battu)	– Pourquoi voulez-vous que nous dissimulions ...?	– Mais Paris libéré! libéré par lui-même, libéré par son peuple – ... il n'est pas encore battu	– Nous ne dissimulerons pas – je les résumerai – Il ne suffira même pas

2.2 Une interview avec l'actrice Emma D.
1. Depuis combien de temps faites-vous du cinéma?
2. Avez-vous un réalisateur préféré avec qui vous aimez travailler?
3. Comment voyez-vous votre rôle dans votre dernier film?
4. Ce rôle a-t-il été difficile?

2.3 L'Allemagne après la coupe du monde
L'Allemagne vient de vivre 30 jours de foot. Après 64 matchs et des centaines de milliers de visiteurs **venus** du monde entier, l'Allemagne **gardera** la trace de cet événement.
Jana, 18 ans, a travaillé quatre fois par semaine pendant sept heures. Dans les rues de Berlin, elle répondait aux questions des supporters. Jana, **ayant déjà beaucoup voyagé**, était heureuse d'accueillir le monde dans son propre pays: « Pendant mon travail, je n'ai rencontré que des gens sympathiques», raconte-t-elle.
Pendant ces 30 jours, l'Allemagne a vécu dans une ambiance de fête grâce à la présence des supporters étrangers, mais aussi grâce à l'enthousiasme des Allemands, **d'habitude réservés**. Mais cette fois, ceux-ci se sont montrés passionnés. Beaucoup de gens espèrent que ce sentiment **ne disparaîtra pas**. Dans l'euphorie de la coupe du monde, les Allemands ont même montré fièrement leur drapeau. Avant la coupe du monde, **les signes de patriotisme en Allemagne étaient souvent mal interprétés**. À partir de maintenant, **cela changera peut-être**.

2.4 Le traité de l'Élysée
Le 22 janvier 1963, le Général de Gaulle et le Chancelier Adenauer signent un traité de coopération **destiné** à sceller la réconciliation entre la France et la République Fédérale d'Allemagne.
Voici les objectifs de ce traité dans le domaine de l'éducation.
Dans le domaine de l'éducation, l'effort **portera** sur l'enseignement des langues. Les deux gouvernements **s'efforceront** de faire en sorte que le nombre des élèves allemands **apprenant** le français et celui des élèves français **apprenant** l'allemand augmente.
Dans les universités, un enseignement pratique du français en Allemagne et de l'allemand en France **sera organisé** et il **sera ouvert** à tous les étudiants.
Par ailleurs, des rencontres régulières **auront lieu** entre les autorités responsables des deux pays dans le domaine de la culture.

3 Encore plus de textes   ▸ p.41

3.1 Des lettres différentes

1. Cher Papa, chère Maman,

   J'ai une bonne nouvelle. J'ai obtenu mon bac! Comme j'ai eu la mention bien, je vais pouvoir aller dans l'école de commerce que j'ai choisie.

   Merci encore pour votre aide.

   Je vous embrasse.

   Sébastien

2. Madame,

   Je suis heureux de vous annoncer que j'ai réussi mon baccalauréat. Ayant obtenu la mention bien, j'ai été accepté dans l'école de commerce de mon choix.

   Je tiens à vous remercier pour votre soutien constant.

   Je vous prie de croire, Madame, en l'expression de mes meilleurs sentiments.

   Sébastien Porte

3. Salut Mathias,

   C'est super! J'ai eu mon bac! Et j'ai la mention bien. C'est pour ça que j'ai eu l'école de commerce que je voulais.

   Tu m'as bien aidé. Merci!

   À bientôt!

   Seb

3.2 Que dire dans quelle situation?

1. **b)** Justification: L'adolescent est formel car il s'adresse à un professeur. Les phrases a) et c) sont trop familières et ne conviennent pas.
2. **b)** Justification: La phrase a) est trop formelle et la phrase c) est trop familière.
3. **b)** Justification: Les phrases a) et c) sont trop familières et ne conviennent pas.
4. **a)** Justification: La phrase b) est trop familière et la phrase c) est trop formelle.

4 Grammatikstrukturen beim Schreiben bestimmter Textsorten
Structures grammaticales selon les textes

1 Le résumé   ▸ p.48

1.1 «Cendrillon»

1. F – 2. B – 3. D – 4. E – 5. I – 6. A – 7. G – 8. C – 9. H – 10. J

1.2 «Le Petit Chaperon rouge»

a) 1. La mère, le Petit Chaperon rouge, la grand-mère, le loup et le chasseur.

2. La mère donne une galette à sa fille qu'on appelle le Petit Chaperon rouge. Le Petit Chaperon rouge et le loup se rencontrent. Le loup cherche à savoir où habite la grand-mère qui est malade.

3. Dans la forêt et dans la maison de la grand-mère.

4. Parce que le loup veut manger le Petit Chaperon rouge.

5. Le chasseur ouvre le ventre du loup et délivre le Petit Chaperon rouge et la grand-mère.

b) Le conte intitulé «Le Petit Chaperon rouge» raconte l'histoire d'une petite fille à qui sa mère demande d'apporter une galette et un petit pot de beurre à sa grand-mère malade. **Pour cela**, la petite fille qu'on appelle «le Petit Chaperon rouge» doit traverser une forêt. Sa mère lui dit de ne pas quitter le chemin et d'aller directement chez sa grand-mère. **Mais** dans la forêt, le Petit Chaperon rouge rencontre le loup. Celui-ci veut savoir où elle va. La petite fille lui répond.

Comme le loup veut arriver le premier chez la grand-mère pour la manger et prendre sa place, il demande au Petit Chaperon rouge de cueillir des fleurs pour sa grand-mère.

Le loup arrive **effectivement** le premier. Il avale la grand-mère et prend sa place dans son lit. **Lorsque** le Petit Chaperon rouge arrive, le loup l'avale aussi. **Heureusement**, un chasseur passe à côté de la maison, il entend le loup qui ronfle et entre dans la maison. Il tue le loup et lui ouvre le ventre **pour** délivrer la grand-mère et le Petit Chaperon rouge.

1.3 Lucie Aubrac (1)

a) Dans un passage de sa livre «Ils partiront dans l'ivresse», Lucie Aubrac raconter comment elle essayer de libérer son mari, Raymond Samuel.

D'abord Lucie parle de sa rencontre avec Klaus Barbie, qui chef de la Gestapo de Lyon est. Ils discuter dans son bureau. Après une premier tentative pour persuader Klaus Barbie que Raymond a des problème de santé, elle veut lui convaincre de libérer son mari.

Elle expliquer ensuite qu'ils veulent eux marier et qu'elle attend à un enfant. Donc elle pleure et la secrétaire allemand la fait sortir du bureau de Klaus Barbie.

b)

Fehlerkategorien	Fehler	Berichtigung
Übereinstimmung Nomen-Begleiter	sa livre des **problème**	son livre des **problèmes**
Übereinstimmung Nomen-Adjektiv	une **premier** tentative la secrétaire **allemand**	une première tentative la secrétaire allemande
Form und Stellung des Adjektivs	– – –	– – –
Übereinstimmung Subjekt-Verb	Lucie Aubrac **raconter** elle **essayer** Ils **discuter** Elle **expliquer**	Lucie Aubrac raconte elle essaie/essaye Ils discutent Elle explique
Direkte/Indirekte Verbergänzung	elle veut **lui** convaincre qu'elle attend **à** un enfant	elle veut le convaincre qu'elle attend un enfant
Reflexivpronomen	qu'ils veulent **eux** marier	qu'ils veulent se marier
Angleichung des Partizips nach être und avoir	– – –	– – –
Connecteurs	**Donc** elle pleure	À la fin, elle pleure
Stellung des Verbs (Hauptsatz, Relativsatz)	qui chef de la Gestapo de Lyon est	qui est chef de la Gestapo de Lyon
Zeitenfolge in der indirekten Rede	– – –	– – –

2 Le portrait physique et moral ▸ p. 51

2.1 Petite annonce
Musterlösung

C'est un jeune garçon qui est grand, mince et très beau. Il a de très beaux yeux turquoise et des longs cheveux blonds bouclés. Il a les traits réguliers. C'est un élève brillant dans toutes les matières. Il est musicien: il joue du piano et du banjo. En plus, c'est un sportif de haut niveau.

Il a eu une éducation excellente. Ce garçon est charmant, modeste et distingué.

Il s'agit d'un garçon parfaitement parfait qui veut vendre un skateboard en bon état.

2.2 Le commissaire B.

a)

portrait physique	Sa grosse voix – Sa barbe de trois jours – un air négligé – bien habillé – Il portait toujours des chemises claires, une cravate et un pantalon sombre (...)
portrait moral	Il avait une autorité presque naturelle. – Le commissaire B. était satisfait de sa vie. – il aimait travailler comme commissaire – il avait alors l'impression de contribuer à rendre le monde plus sûr et plus heureux

b) Et pourtant ⟶ widersprechen

En plus ⟶ präzisieren

Voilà pourquoi ⟶ Schlussfolgerung ziehen

Mais ... quand même ⟶ einräumen

Contrairement à ... ⟶ widersprechen

donc ⟶ Schlussfolgerung ziehen

Malgré ... ⟶ einräumen

alors ⟶ Schlussfolgerung ziehen

2.3 Margueritte et Germain
a) Musterlösung

Margueritte	une femme aux cheveux blancs – âgée – petite – mince – douce – élégante – distinguée – sensible – gentille – robe à fleurs
Germain	un homme – les cheveux blonds – ni jeune, ni vieux – grand – gros – négligé – brutal – gentil – sympa – chemise à carreaux

b) Musterlösung

Germain est un homme ni jeune ni vieux. Il paraît grand et assez gros. Il a les cheveux blonds, mais plutôt mal coiffés.

Il porte un jean bleu et une chemise à carreaux. Il a un livre dans ses mains. Il semble négligé et brutal. Mais il regarde sa voisine avec une certaine sympathie. Alors on peut aussi dire qu'il est sympathique.

Contrairement à Germain, Margueritte est une femme âgée aux cheveux blancs, bien soignés. Elle semble sourire. Elle porte un pull rose et une robe à fleurs. Elle tient une canne. Elle regarde Germain avec une certaine sympathie. Margueritte a l'air très distinguée.

L'affiche du film montre la rencontre de deux personnages très différents, mais qui semblent se comprendre et vouloir mieux faire connaissance.

2.4 «La Mère Sauvage» de Maupassant

a)

L'aspect physique des personnages	**Les quatre Prussiens:** – quatre gros garçons à la chair blanche, à la barbe blonde, aux yeux bleus – en manches de chemise – leur chair blanche et rose d'hommes du Nord
	Le fils de la Mère Sauvage: – son grand maigre au nez crochu, aux yeux bruns, à la forte moustache qui faisait sur sa lèvre un bourrelet de poils noirs
	La Mère Sauvage: – la vieille – cette femme âgée
Les activités et le comportement des personnages	**Les quatre Prussiens:** – les Prussiens arrivèrent – se montrèrent plein de prévenance – faire leur toilette – on les voyait nettoyer la cuisine, frotter les carreaux, casser du bois, éplucher les pommes de terre, laver le linge, accomplir toutes les besognes de la maison – installés à son foyer (*de la mère Sauvage*) – comprenant sa peine et ses inquiétudes – ils lui rendaient mille petits soins
	Le fils de la Mère Sauvage – Mon garçon est dedans (*dans le régiment français*)
	La Mère Sauvage – en eut quatre (*Prussiens*) – allait et venait, préparant la soupe – pensait sans cesse au sien (*à son fils*) – Elle demandait chaque jour – Elle les aimait bien
La structure globale du texte (les différentes parties)	1. Einleitung/Introduction Situation générale: «Un jour, ...» 2. Beschreibung der preußischen Soldaten/Description des soldats prussiens «C'étaient ...» 3. Beschreibung des Sohnes der «Mère Sauvage»/Description du fils de la Mère Sauvage «Mais elle pensait sans cesse au sien ...» 4. Schluss/Conclusion Avis des gens sur les quatre Prussiens: «On disait ...»

b) **Musterlösung**

Dans cet extrait de «La Mère Sauvage», Maupassant fait une description stéréotypée de l'aspect physique des quatre Prussiens. Sans les différencier, il ne nous donne qu'une impression générale des quatre. En effet, ce sont des «gros garçons» à la peau blanche et rose, la barbe blonde et aux yeux bleus, ce qui est typique des gens du Nord. Ces quatre Prussiens n'ont rien d'extraordinaire ou de frappant.

Pour donner des informations plus concrètes sur l'apparence physique des quatre Prussiens, Maupassant décrit leur comportement et leurs activités. Mais il décrit seulement qu'ils font leur toilette en manches de chemise.

Maupassant présente les quatre Prussiens comme des personnes sympathiques qui se comportent comme quatre bons fils autour de leur mère. Il les présente comme des jeunes qui comprennent les inquiétudes de la Mère Sauvage: ils se montrent «pleins de prévenance» pour la Mère Sauvage. Ils sont serviables et l'aident à faire des travaux ménagers. Ils nettoient la cuisine, frottent les carreaux, cassent du bois, épluchent les pommes de terre et lavent le linge.

Le portrait que Maupassant donne des quatre Prussiens est donc très positif.

2.5 Lucie Aubrac (2)

a) Lucie Aubrac est une résistante <u>français</u> comme <u>sa</u> mari (...) qui se fait appeler Raymond Samuel. Lucie est une <u>courageux</u> femme qui <u>risquer</u> sa vie pour sauver son mari Raymond. En effet, elle n'a pas peur de Klaus Barbie, le chef de la Gestapo de Lyon. Quand Klaus Barbie <u>la</u> pose des questions sur sa relation avec Raymond, Lucie parle <u>calme</u>.
Mais quand Klaus Barbie <u>la</u> montre le portefeuille de Raymond, Lucie perd son calme et elle <u>pleurer</u>. Finalement, on <u>peux</u> dire que Lucie Aubrac est <u>fort</u>, mais elle est aussi une <u>sensible</u> personne.

b)

Fehlerkategorien	Fehler	Berichtigung
Übereinstimmung Nomen-Begleiter	<u>sa</u> mari	<u>son mari</u>
Übereinstimmung Nomen-Adjektiv	une résistante **français** Lucie Aubrac est **fort**	une résistante **française** Lucie Aubrac est **forte**
Form und Stellung des Adjektivs	une **courageux** femme **sensible** personne	une **femme courageuse** une **personne sensible**
Übereinstimmung Subjekt-Verb	qui **risquer** elle **pleurer** on **peux**	(une femme courageuse) **qui risque** elle **pleure** **on peut**
Direkte/Indirekte Verbergänzung	Quand Klaus Barbie **la** pose des questions Mais quand Klaus Barbie **la** montre	Quand Klaus Barbie **lui pose des questions** Mais quand Klaus Barbie **lui montre**
Adjektiv/Adverb	Lucie parle **calme**	Lucie parle **calmement**

3 Le commentaire ►p.56

3.1 Des commentaires sur le fim «Intouchables»

a) Des bons acteurs et quelques bons moments! **Mais** deux grosses réserves: **D'abord**, je n'ai pas beaucoup rigolé. **Ensuite**, je n'ai pas été très ému, et **surtout**, j'ai trouvé le film parfois assez démagogique.
En tout cas, cela montre qu'il est difficile de faire un très bon film quand on veut faire à la fois du sociologique, du drame et de l'humour. **D'ailleurs**, j'ai préféré le film «Nos jours heureux» des mêmes réalisateurs, peut-être plus léger et moins ambitieux.

b) **À mon avis**, la mise en scène est facile et les dialogues sont ordinaires. **Je pense que** le film est fondé sur des clichés sociologiques et psychologiques. **Je ne trouve pas qu'**il y ait des moments d'émotion et d'humour. On veut faire croire que riche ou pauvre, noir ou blanc, handicapé physique ou handicapé social, on peut vivre ensemble si on est tolérant. **Cela me semble** vraiment irréaliste. C'est une sorte de conte de Noël auquel **je ne crois pas**.

3.2 Voilà pourquoi j'aime!

Musterlösung

Le livre «16 ans et des poussières» de Mireille Disdero est mon livre préféré. Je trouve que c'est un livre très réussi auquel beaucoup de jeunes pourraient s'intéresser. En plus, il n'est pas trop difficile à comprendre.

D'abord je trouve que l'auteur met bien en scène des personnages qu'on pourrait même rencontrer dans son quartier. L'auteur décrit de manière très convaincante les troubles d'une adolescente. Shayna vit dans une cité avec tous ses problèmes. Mais son plus grand problème, c'est la relation difficile avec sa mère. À mon avis, l'évolution des rapports entre Shayna et sa mère est bien décrite.

Je pense que c'est une histoire émouvante pour plusieurs raisons. D'abord je comprends très bien le regard de Shayna sur sa mère qui est contre le fait qu'elle poursuive ses études. Je trouve aussi fascinante la naissance de l'amour entre Shayna et son ami Enzo.

À mon avis, c'est un livre idéal pour tous les adolescents.

4 La quatrième de couverture ▸p.57

4.1 «Maboul à Zéro» de Jean-Paul Nozière

Traits caractéristiques	
Texte A: le résumé	**Texte B: la quatrième de couverture**
– donne toutes les informations importantes sur le livre – ne qualifie pas les personnages – ne donne pas de valorisation du livre, mais reste neutre	– donne juste quelques détails pour attirer l'attention du lecteur – la fin reste ouverte (points de suspension) – qualifie le personnage principal: «Aïcha Djemaï n'est pas une adolescente comme les autres.» – donne une valorisation du livre à la fin: «une histoire bouleversante»

4.2 «Baby-sitter blues» de Marie-Aude Murail

1. B – 2. D – 3. A – 4. C – 5. I – 6. J – 7. E – 8. F – 9. H – 10. G

4.3 «Le Hollandais sans peine» de Marie-Aude Murail

a) – – –

b) Musterlösung

Vous voulez apprendre les langues étrangères sans trop vous fatiguer? Alors lisez cette histoire! Les parents de Jean-Charles décident de passer leurs vacances en Allemagne pour que leur fils pratique son allemand. Jean-Charles n'est pas vraiment enchanté. Mais il trouve un copain avec lequel il va inventer une langue qui s'appelle le hollandais. Voilà une histoire pleine d'humour …

5 Décrire et commenter une caricature / un schéma ▸p.59

5.1 Le jouet

a) Musterlösung

1. Le travail des enfants – 2. Le contraste – 3. Un sentiment d'injustice – 4. Oui, parce que le sort de ces enfants touche le lecteur.

b) 1. B – 2. D – 3. E – 4. A – 5. C

c) 1. Environ dix millions et demi d'enfants dans le monde **travaillant** comme employés de maison chez des particuliers vivent dans des conditions dangereuses.

2. Le travail des enfants **étant** pratiqué dans des lieux fermés reste très difficile à combattre.
3. Il s'agit d'une situation fréquente pour les enfants **travaillant** comme domestiques, parfois loin de leur famille et de leur communauté.
4. Ces enfants **vivant** souvent éloignés de leur famille deviennent très dépendants de leur employeur.
5. Ces enfants **n'allant pas** à l'école n'ont pas de temps pour jouer. On les prive de leur enfance.

5.2 Le travail des enfants par région

Le plus grand nombre d'enfants qui travaillent se trouve dans la région Asie-Pacifique (environ 78 millions).

Mais l'Afrique subsaharienne (59 millions) est la région où la proportion du travail des enfants par rapport à la population est **la plus forte**, à plus de 21 %.

Il y a **moins d'**enfants qui travaillent au Moyen-Orient et en Afrique du Nord (environ 9 millions) qu'en Amérique latine et que dans les Caraïbes (environ 12 millions).

Il y a **plus d'**enfants qui travaillent dans la région Asie-Pacifique (environ 78 millions) qu'en Afrique subsaharienne (59 millions).

5.3 Le travail des enfants par âge

Voici des statistiques sur le travail des enfants.

Près de **la moitié des** enfants qui travaillent est âgée de 5 à 11 ans seulement. D'autre part, environ **un tiers des** enfants qui travaillent a entre 12 et 14 ans et un autre **tiers** a entre 15 et 17 ans.

58,6 **pour cent des** enfants travaillent dans l'agriculture. On peut dire qu'il s'agit de **la majorité des** enfants.

Par ailleurs, **un quart des** enfants travaille dans les services (c'est-à-dire: les hôtels, les restaurants, le commerce et la réparation de voitures). Pour conclure, on peut dire qu'**une minorité des** enfants est employée dans l'industrie ou le travail domestique.

6 La narration   ▸ p. 63

6.1 Le récit de Karen

a) Cet été, je **suis partie** en vacances pour la première fois avec mes amies. Avant les examens, mes parents **avaient dit** que si j'**obtenais** le bac, je pourrais partir avec mes copines. Nous **étions** six et nous **avons décidé** d'aller dans le sud de la France.
Une semaine avant notre départ, nous **avions loué** un appartement avec deux chambres et il y **avait** un canapé-lit dans le salon. Mais quand nous **sommes arrivées**, nous **avons été** un peu déçues. En effet, notre appartement **se trouvait** sous le toit et donc, il y **faisait** très chaud.
D'abord, nous **nous sommes installées**, et après cela, nous **sommes parties** tout de suite à la plage car nous **étions** impatientes de nous baigner.
Mais nouvelle déception: il y **avait** des méduses!
Nous **avons décidé** de chercher une autre plage. Mais deux de mes copines **préféraient** les plages de sable et les autres **voulaient** aller nager près des rochers. Difficile de nous mettre toutes d'accord!
b) Finalement, quelqu'un nous **recommande** de prendre le chemin au bord de la plage. Nous le **suivons** pendant une heure et nous **arrivons** à une plage merveilleuse où l'eau **est** bleu turquoise. Sans méduses! Nous **décidons** de nous y baigner tous les jours.

6.2 Une rencontre à la plage

Dimanche dernier, je suis allée seule à une plage tout au bout de la côte. **Personne n'avait envie de me suivre car c'était au moins à deux heures de marche!** Le chemin vers la fin était assez difficile. Il fallait descendre des marches mal taillées dans la roche. **Comme ces marches étaient raides!** Un jeune homme s'est approché de moi.

«Je peux vous aider?» a-t-il demandé. J'étais contente de pouvoir m'appuyer sur quelqu'un. Une fois en bas, je l'ai remercié et nous sommes allés nager chacun de notre côté. J'avais pris mon masque pour mieux voir les poissons.

Comme ils étaient beaux! Il y en avait de toutes les couleurs: des rouges, des jaunes et bleu vif, des argentés. Cela valait vraiment la peine d'avoir fait tout ce chemin! Est-ce que la prochaine fois, mes amies viendraient avec moi?

Je suis sortie de l'eau, je me suis à peine séchée tant le soleil était chaud, et j'ai ramassé mes affaires: mon sac, mes vêtements, mon chapeau. Il fallait remonter cette pente. Courageusement, j'ai commencé à grimper, et finalement un peu essoufflée, je suis arrivée en haut des marches.

«Eh, vous avez oublié quelque chose!» a crié le jeune homme qui m'avait aidée.

«Quoi donc?» ai-je demandé.

«Votre masque.» a-t-il répondu. «Vous voulez que je vous l'apporte?»

«Oh oui! Si ça ne vous ennuie pas. Ce serait tellement gentil!» Et c'est ainsi que j'ai fait connaissance de Pierre qui est devenu l'un de mes meilleurs amis.

6.3 Ma fête d'anniversaire

Comme c'était mon anniversaire, je voulais inviter Pierre et d'autres amis à une petite fête chez moi. Pierre m'a dit qu'il n'était pas libre car il était déjà invité à une soirée. Il proposait de m'y emmener. Je me suis dit que ça pourrait être amusant.

J'ai donc retrouvé Pierre à 19 heures. «Nous sommes un peu en avance.» m'a-t-il dit. «Allons prendre un verre à l'Hôtel de la mer. La vue est magnifique!» Nous étions bien, assis sur un canapé en plein soleil, et nous parlions des pays où nous aimerions partir en voyage.

Soudain, Pierre a regardé sa montre: 20 heures déjà! Il s'est levé et m'a dit: «Finalement, je suis fatigué. Je vais te raccompagner chez toi.» J'étais très déçue.

«Ah bon, on ne va pas à cette soirée?»

«Non, vraiment, je ne me sens pas bien. Je te raccompagne chez toi.» Quelle tristesse!

Lorsque nous sommes arrivés chez moi, l'appartement était vide. J'avais les larmes aux yeux, mais tout à coup, mes amis et ceux de Pierre qui s'étaient cachés sur le balcon sont sortis en criant: «Joyeux anniversaire!»

En fait, ils avaient tout organisé pour moi, et Pierre avait été chargé de m'emmener ailleurs pendant qu'ils préparaient la fête. Quelle belle surprise !

6.4 Pauline en vacances

Le premier jour des vacances, je suis sortie pour faire des courses après avoir pris le petit déjeuner. En descendant l'escalier, j'ai vu que j'avais oublié mon porte-monnaie.

Pour le dernier jour des vacances, j'ai décidé de faire un pique-nique avec Thibault et ses amis afin de passer toute la journée sur la plage. Chacun d'entre nous ayant préparé quelque chose, nous avions un pique-nique très varié. Après avoir réussi à convaincre mes amis d'aller sur la plage près du rocher, je suis partie en tête pour montrer le chemin. Mais je ne leur avais pas dit que la dernière partie était très difficile. Arrivée / En arrivant en haut des marches abruptes, Julie a paniqué.

«Mais je ne vais jamais pouvoir descendre cela!» a-t-elle crié.

«Mais si, nous allons t'aider.» a répondu Thibault. Nous sommes descendus tant bien que mal, en avançant parfois sur les fesses. Quelques minutes plus tard, nous étions tous sains et saufs sur la plage. Après avoir posé nos sacs sur un rocher, nous sommes allés nager sans faire attention à nos affaires. Mais une fois revenus sur le sable, nous avons vu que les mouettes avaient volé la moitié de notre pique-nique! Nous nous sommes approchés en faisant des grands gestes pour les faire partir. Mais c'était trop tard!

7 Lettres et messages   ▸ p. 66

7.1 Quelle adresse?

a) 4

b) 1. Le code postal doit être avant la ville.

2. La ville doit être avant le pays.

3. Le numéro de l'avenue doit être avant le nom de l'avenue.

c)

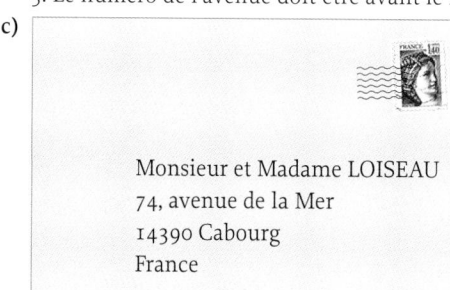

Monsieur et Madame LOISEAU
74, avenue de la Mer
14390 Cabourg
France

7.2 Une annonce

a) ---

b)

☒ Madame, Monsieur,
○ Monsieur, Madame,

☒ Après avoir vu votre annonce sur le site de l'OFAJ, je souhaiterais poser ma candidature pour le poste d'animatrice pour le mini-club de votre hôtel à Saint-Raphaël. Je suis bilingue en allemand et en français.
○ J'ai vu votre annonce sur le site de l'OFAJ. Je suis la personne que vous cherchez pour le mini-club de votre hôtel à Saint-Raphaël. Je parle allemand et français.

○ Moi, ce sont les enfants de 3–6 ans qui m'intéressent. J'aime bien les enfants de cet âge-là. Je suis super en équipe. J'ai 19 ans et je fais du baby-sitting tous les samedis. J'ai des tas d'idées de jeux et de spectacles pour les gamins de cet âge.
☒ J'aimerais bien m'occuper si possible d'enfants âgés de trois à six ans. J'aime bien les enfants de cet âge-là. Je pense avoir un bon esprit d'équipe. J'ai 19 ans et j'ai déjà de l'expérience car je garde des enfants de quatre à six ans tous les samedis. J'ai beaucoup d'idées de jeux et de spectacles pour cette tranche d'âge.

☒ Je serai disponible du 2/08 au 29/08 mais je pourrais venir avant si nécessaire.
○ J'avais prévu quelque chose au mois d'août mais je vais m'arranger pour venir du 2/08 au 29/08.

○ J'espère bien que c'est moi que vous allez choisir. Meilleures salutations!
☒ Dans l'espoir d'une réponse positive, je vous prie de croire Madame, Monsieur, en l'expression de mes meilleurs sentiments.

○ Stefanie
☒ Stefanie Perlmann

7.3 Le message de Mara

a) Bonsoir à vous!

Je me présente, je m'appelle Mara, j'ai 19 ans et je vit en Allemagne, dans une ville petite près de Bonn.

J'ai obtenue mon Abitur (c'est le bac allemand). Malheureux, je n'ai pas choisi du français au collège. Du coup, je suis un peu perdue. J'ai faire la connaissance de un garçon, vivant à Dijon. Nous nous sommes rencontré pendant les vacances d'été en Espagne.

Nous sommes très amoureuses. Je venir chez le en octobre. Si j'apprendrais le français, je pourrais communiquer avec ses parents qui sont très sympathique.

Pour le moment, nous parlons en anglais lui et moi, cela ne nous pose aucune problème, parce que nous sommes bilingue. J'ai commencée à vraiment aimer le français grâce à lui! ♥

J'ai l'air d'une gamine, je suis désolé.

À bientôt!

Mara

b)

Fehlerkategorien	Fehler	Berichtigung
Übereinstimmung Nomen-Begleiter	aucune problème	aucun problème
Übereinstimmung Nomen-Adjektiv	amoureuses qui sont très sympathique nous sommes bilingue je suis désolé	amoureux qui sont très sympathiques nous sommes bilingues je suis désolée
Form und Stellung des Adjektivs	une ville petite	une petite ville
Übereinstimmung Subjekt-Verb	je vit Je venir	je vis Je vais venir
Direkte/Indirekte Verbergänzung	je n'ai pas choisi du français	je n'ai pas choisi le français
Adjektiv/Adverb	Malheureux, je	Malheureusement, je
Angleichung des Partizips nach être und avoir	J'ai obtenue j'ai faire Nous nous sommes rencontré J'ai commencée	J'ai obtenu j'ai fait Nous nous sommes rencontrés J'ai commencé
Verbundene/Unverbundene Pronomen	chez le	chez lui
Verbformen in Si-Sätzen	Si j'apprendrais	Si j'apprenais
Apostrophierung	la connaissance de un	la connaissance d'un

Inhalt

3

Einführung

Das Übungsheft „Les textes" zur *Französischen Grammatik für die Mittel- und Oberstufe* soll dich zu einem grammatisch korrekten Schreiben von französischen Texten – darunter abiturrelevanten Textsorten wie Resümees, Erzählungen und Bildbeschreibungen – hinführen. Es soll dir helfen, grammatische Formen und Strukturen je nach deinen Schreibabsichten anzuwenden.

Das Übungsheft besteht aus vier Kapiteln, die du in beliebiger Reihenfolge behandeln kannst.

Teste tes connaissances.
Jedes Kapitel beginnt mit Test-Seiten (Teste tes connaissances). Mit Hilfe dieser kurzen Auftakt-übungen überprüfst du dein Vorwissen. Vergleiche dann deine Antworten mit den Lösungen im Anhang auf den Seiten 74–80.
– Bei falscher Lösung der Test-Übungen findest du einen Verweis auf die entsprechenden Abschnitte in der *Französischen Grammatik*. Dort kannst du die Erläuterungen zum jeweiligen Grammatikthema nachlesen. Anschließend wählst du zum Weiterüben die passenden Aufgaben (→ ✗) im Übungsheft.
– Bei richtiger Lösung der Test-Übungen hast du die Möglichkeit, mit Hilfe komplexerer Aufgaben (→ ✓) dein Grammatikwissen zu vertiefen.

Entraîne-toi.
Der Abschnitt Entraîne-toi. jedes Kapitels gibt dir die Gelegenheit, dein Grammatikwissen in abwechslungsreichen Aufgaben anzuwenden und damit zu festigen. Du findest hier zum Beispiel Einsetz-, Substitutions-, Ergänzungs-, Umformungs- und Satzbildungsübungen. An manchen Stellen werden leichtere ⬜ und anspruchsvollere ⬤ Aufgaben angeboten. Bei leichteren Aufgaben geht es meistens darum, Basiswissen zu einem Grammatikthema anzuwenden. Die anspruchsvolleren Aufgaben sind etwas komplexer und länger. Sie fassen in der Regel verschiedene Aspekte eines Grammatikthemas zusammen. Wenn du zuerst die leichteren Aufgaben ⬜ gelöst hast, kannst du anschließend die anspruchsvolleren ⬤ bearbeiten. Die Lösungen zu den Aufgaben des Abschnitts Entraîne-toi. findest du im eingelegten Lösungsheft (→ s. hintere Umschlagseite).

Évaluation
Am Ende jedes Kapitels findest du einen Fragebogen zur Selbsteinschätzung. Mit Hilfe dieser Lernstandsdiagnose kannst du gegebenenfalls ein bestimmtes Grammatikthema wiederholen bzw. deine Französischlehrerin / deinen Französischlehrer gezielt um Unterstützung bitten.

Viel Spaß und Erfolg beim Üben!

Symbole und Verweise

⬜ Differenzierungsaufgabe (leicht)

⬤ Differenzierungsaufgabe (schwer)

P. 274/24.1 Verweis auf Abschnitte in der *Französischen Grammatik*

1. Gliederung von Texten
Structurer un texte

Teste tes connaissances.

Fais le test suivant et vérifie tes réponses p. 74.
Si tu as bien répondu, tu peux approfondir tes connaissances en faisant les exercices → ✓.
Si tu n'as pas bien répondu, consulte les explications dans ton livre de grammaire → 📘.
Fais ensuite les exercices → ✗.

Structurer sa pensée	Französische Grammatik 📘 p. 274/24.1
	Exercices ✗ p. 9/1.1–1.2
	✓ p. 10 /1.3, p. 11/1.4–1.5

Les parents de Paul ne veulent pas que leur fils passe trop de temps devant son ordinateur. Paul n'est pas d'accord. Dans un forum sur Internet, il écrit un message pour demander de l'aide. | Complète le message de Paul avec les connecteurs suivants.

deuxièmement   alors que   d'abord   au contraire   mais   quant à

J'ai un ordinateur .... mes parents ne veulent pas que je l'utilise plus d'une heure par jour. Ils ont peur que je passe trop de temps sur Facebook ou sur d'autres réseaux sociaux. Je leur dis que .... j'ai quelquefois besoin d'Internet pour chercher des informations et que .... certains profs préfèrent les devoirs qu'on a tapés à l'ordinateur parce qu'ils peuvent les lire plus facilement.

.... eux, ils passent tous les soirs plusieurs heures devant la télévision. Ce n'est pas mieux. ...., c'est totalement passif .... sur l'ordinateur, on est actif!

Comment est-ce que je pourrais convaincre mes parents de me laisser utiliser l'ordinateur comme je veux et quand je veux? Si vous avez des conseils ou des bonnes idées, écrivez-moi!

Paul (16 ans)

7

Formuler son avis et argumenter

Französische Grammatik 📖 p. 275/24.1
Exercices ✗ p. 12/2.1, p. 13/2.2
✓ p. 14/2.3–2.4, p. 15/2.5

Un lecteur répond à Paul. | Lis le message et coche les bonnes réponses.

Je crois que tu ⚪ **doives** / ⚪ **devrais** leur montrer ce que tu fais sur ton ordinateur. Ils seraient

moins inquiets s'ils ⚪ **voyaient** / ⚪ **verraient** que tu ne passes pas ton temps sur Facebook.

À ta place, je leur ⚪ **montrerai** / ⚪ **montrerais** comment je travaille.

Je ne pense pas que tu ⚪ **dois** / ⚪ **doives** leur parler du temps qu'ils passent devant la télévision

car ils sont sûrement fatigués après le travail. Il est normal qu'ils ⚪ **ont** / ⚪ **aient** envie de se

reposer. Je ne crois pas que ⚪ **c'est** / ⚪ **ce soit** une bonne idée de leur faire des reproches.

Je t'assure qu'on ⚪ **obtient** / ⚪ **obtienne** plus de choses si on évite les disputes.

Préciser et illustrer sa pensée

Französische Grammatik 📖 p. 275/24.1
Exercices ✗ p. 15/3.1
✓ p. 16/3.2–3.3

Combien de temps les jeunes passent-ils devant l'ordinateur? | Complète le texte avec les expressions suivantes.

affirme que/qu'   c'est-à-dire que/qu'   en effet   autrement dit
selon   pour conclure

.... une étude qui a été faite en Californie, le temps que les adolescents

passent sur Internet n'est pas du temps perdu. La sociologue Mizuko Ito, qui a dirigé cette étude,

.... les nouveaux médias permettent aux jeunes de développer des savoir-

faire qui leur seront utiles toute leur vie, ... ils apprennent à créer des

pages web ou à dialoguer avec les autres. Mizuko Ito prétend qu'on exagère les dangers d'Internet.

..............................., beaucoup de jeunes utilisent les technologies pour trouver des informa-

tions ou communiquer avec leurs amis.

Les expériences les plus productives naissent souvent quand les jeunes naviguent au hasard sur

Internet. ...., si les parents limitent l'accès à Internet, ils empêchent leurs

enfants de faire cette expérience.

..............................., les éducateurs devraient accepter que les jeunes aient d'autres moyens

d'apprendre que les moyens traditionnels.

Entraîne-toi.

1 Structurer sa pensée

P. 274–
275/24.1

1.1 Leurs profs préférés | Complète avec les connecteurs suivants.

| au début (2 x) | en plus | c'est ainsi qu' | c'est pourquoi (2 x) | finalement |

1. *Jasmine:* Pendant deux ans, j'ai eu un prof de maths sévère. ...., j'ai protesté.

   Mais il m'a dit de faire attention. .... j'ai commencé à travailler.

   ...., j'ai réussi à avoir des bonnes notes en maths.

2. *Paul:* Bravo à mon prof d'histoire! Il a réussi à me faire apprendre le lourd programme d'histoire

   de première S. .... il m'a aidé pour le bac.

3. *David:* ...., j'avais des mauvaises notes en anglais au collège. Heureusement, j'ai

   eu une nouvelle prof d'anglais en seconde qui m'a donné envie de pratiquer cette langue dans un

   pays anglophone. .... je suis parti pour six mois aux États-Unis pour

   perfectionner mon anglais.

4. *Adrienne:* Pendant plusieurs années, j'ai eu le même prof d'italien avec lequel on faisait plein de

   sorties. On s'entendait bien avec lui. ...., il mettait des bonnes notes.

P. 274–
275/24.1

1.2 Le problème de Claire | Coche les connecteurs qui conviennent.

FORUM DES JEUNES

CLAIRE

➤ J'ai un problème. J'aime mon prof. Je ne le connais pas depuis longtemps.

⭕ **Au début** / ⭕ **En effet,** il est nouveau dans mon collège. Quand je l'ai vu pour la

première fois, j'ai eu le coup de foudre. C'est bizarre de dire ça ⭕ **parce que** / ⭕ **mais**

je ne le connais même pas, et ⭕ **donc** / ⭕ **puis** c'est un adulte. Il ressemble à mon

chanteur préféré. ⭕ **Mais** / ⭕ **D'abord** avoir cours avec un professeur qui ressemble à

mon chanteur préféré, c'est drôle. Je pense souvent à lui. ⭕ **Bien sûr** / ⭕ **Autrement**

dit, je sais que je n'ai aucune chance avec lui! ⭕ **C'est pourquoi** / ⭕ **En plus**, il est

marié. Qu'est-ce que je dois faire?

J'attends ⭕ **en général** / ⭕ **donc** vos avis. Merci!

Claire

P. 274–
276/24.1

1.3 CV traditionnel – ou pas – pour trouver un emploi? | Retrouve l'ordre du texte.

A
L'originalité est appréciée dans certains secteurs comme la communication ou la publicité, car ce sont des professions où la créativité joue un rôle important. Mais dans d'autres secteurs comme la banque ou la finance, on préfère le CV traditionnel.

B
Après avoir envoyé environ 300 CV sans succès, ce jeune homme de 23 ans, qui a un master, a mis l'annonce suivante sur Internet: «Pratique et pas cher, vous ne regretterez pas de donner un emploi à ce superbe jeune diplômé en pleine santé».

C
Pourtant il semble que les personnes qui cherchent un emploi envoient moins souvent un CV traditionnel. Elles préfèrent mettre leur CV sur les réseaux sociaux, tels que Facebook ou Linkedin. Ces sites sont utiles pour avoir des contacts professionnels, et les entreprises les consultent régulièrement.

D
Le jour même, le Haut commissaire à la Jeunesse offrait un emploi à Yannick Miel dans une commission qui … aide les jeunes diplômés à trouver un emploi.

E
C'est pourquoi beaucoup d'entreprises pensent que les profils qui sont publiés sur les réseaux sociaux vont à l'avenir remplacer le CV traditionnel.

F
Plus récemment, une jeune femme de Clermont-Ferrand, elle aussi fatiguée d'envoyer des CV sans succès, s'est présentée à travers une vidéo postée sur Youtube. Elle a donné une image dynamique et créative d'elle-même et a parlé de ses expériences avec humour. Elle a reçu rapidement plusieurs offres d'emploi.

G
Les jeunes les plus imaginatifs ont-ils plus de chance de trouver un emploi? C'est sans doute ce que pensait ce jeune Français, Yannick Miel, qui a décidé de se présenter sur un site connu.

1. *G* – 2. ……… – 3. ……… – 4. ……… – 5. ……… – 6. ……… – 7. ………

P. 274–
276/24.1

1.4 Les avis des jeunes | Complète avec les connecteurs suivants.

par contre   donc   pourtant   surtout   mais   par ailleurs

Presque tous les jeunes disent qu'ils ont déjà discuté avec les adultes des questions de santé, d'alimentation ou de nouvelles technologies.

.... quand les jeunes discutent entre eux, leurs sujets préférés sont l'amour, le racisme, la drogue et la sexualité. Les filles souhaitent parler des relations amoureuses et de la sexualité. ...., les garçons citent plutôt des sujets tels que l'informatique, les guerres, la politique ou la télévision.

............................, la majorité des jeunes pense que leurs parents les écoutent. C'est la mère qui semble être celle qui prend le plus souvent en compte l'avis des jeunes.

............................, beaucoup de jeunes pensent que leur avis n'influence pas la vie scolaire, ... en ce qui concerne leur emploi du temps (heures de cours trop matinales ou tardives) ou la manière d'enseigner. La plupart d'entre eux trouve que la direction de leur école ne les écoute pas assez. Et ...., ils voudraient bien que cela change.

P. 274–
276/24.1

1.5 Bernard Friot | Lis le texte. Quatre connecteurs sont faux. Corrige-les. Il y a plusieurs possibilités. Écris dans ton cahier.

Bernard Friot est un écrivain français. Il est né près de Chartres en 1951. Donc il a habité dans plusieurs villes de France et d'Allemagne où il a longtemps été professeur de français.
En résumé, il s'est intéressé aux pratiques de lecture des enfants et adolescents. C'est la raison pour laquelle, il a été, pendant quatre ans, responsable du Bureau du livre de jeunesse à Francfort. Au contraire, il s'est installé à Besançon où il se consacre à l'écriture et à la traduction. Bernard Friot affirme qu'il déteste écrire. Aussi, il est l'auteur de nombreux livres:
Histoires pressées, Nouvelles histoires pressées, Encore des histoires pressées.

2 Formuler son avis et argumenter

P. 275/
24.1

2.1 Victime de la mode? | a) Formule les avis des jeunes avec les expressions suivantes.

pour ma part   quant à moi   en ce qui me concerne   à mon avis
pour moi   sans aucun doute

Exemple: *Paul:* La mode, ça sert à être beau. → *À mon avis, la mode, ça sert à être beau.*

1. *Tristan:* La mode n'est pas importante et on peut s'habiller comme on veut.

   ....

2. *Aurélie:* La mode, c'est important pour être bien habillé.

   ....

3. *Mylène:* C'est mieux d'être belle pour avoir des amies.

   ....

4. *Bénédicte:* La mode n'est pas essentielle: ça ne révèle pas forcément notre personnalité.

   ....

5. *Théo:* L'important, c'est d'être bien dans sa peau et de ne pas écouter les autres.

   ....

6. *Cyril:* Le look n'a pas d'importance et les gens s'habillent comme ils veulent.

   ....

b) Réécris les avis de a) avec les expressions suivantes. Attention au mode des verbes!

je ne crois pas que   je crois que   je suis sûr/e que   je ne pense pas que   je doute que

1. *Je pense que la mode n'est pas importante et qu'on* ....

   ....

2. ....

   ....

3. ....

   ....

4. ....

   ....

5. ....

   ....

6. ....

   ....

P. 275/
24.1

2.2 Marc n'est pas du même avis que Clarisse | a) Marc formule son opinion. Forme des phrases d'après l'exemple.

Exemple: à mon avis / l'énergie nucléaire (*être*) indispensable
→ *À mon avis, l'énergie nucléaire est indispensable.*

1. je suis d'avis que / une société (*pouvoir*) exister sans école

   ....

   ....

2. selon moi / on (*devoir – conditionnel*) passer son permis de conduire à 15 ans

   ....

3. en ce qui me concerne / une vie sans portable (*ne plus être*) possible

   ....

4. il me semble que / les gens (*devoir*) twitter pour raconter leur vie

   ....

5. je suis sûr que / la musique classique (*être*) dépassée

   ....

6. je suis convaincu que / les jeunes (*pouvoir*) oublier leurs problèmes en prenant de la drogue

   ....

7. je suis certain que / le mariage ne (*servir*) à rien

   ....

b) Clarisse contredit Marc. Forme des phrases avec les expressions suivantes. Attention au mode des verbes!

contrairement à toi, je dis que   je ne suis pas d'avis que   je n'ai pas l'impression que

je ne pense pas que   je doute que   il ne me semble pas que   je ne crois pas que

Exemple: À mon avis, l'énergie nucléaire est indispensable. → *Contrairement à toi, je dis que l'énergie nucléaire n'est pas indispensable.*

1. ....

2. ....

3. ....

4. ....

5. ....

6. ....

7. ....

P. 275–276/24.1 **2.3** **Le portable à l'école?** | Juliane voudrait publier un message dans un forum sur Internet. Elle hésite à chaque fois entre deux connecteurs. Aide-la et coche les bonnes réponses.

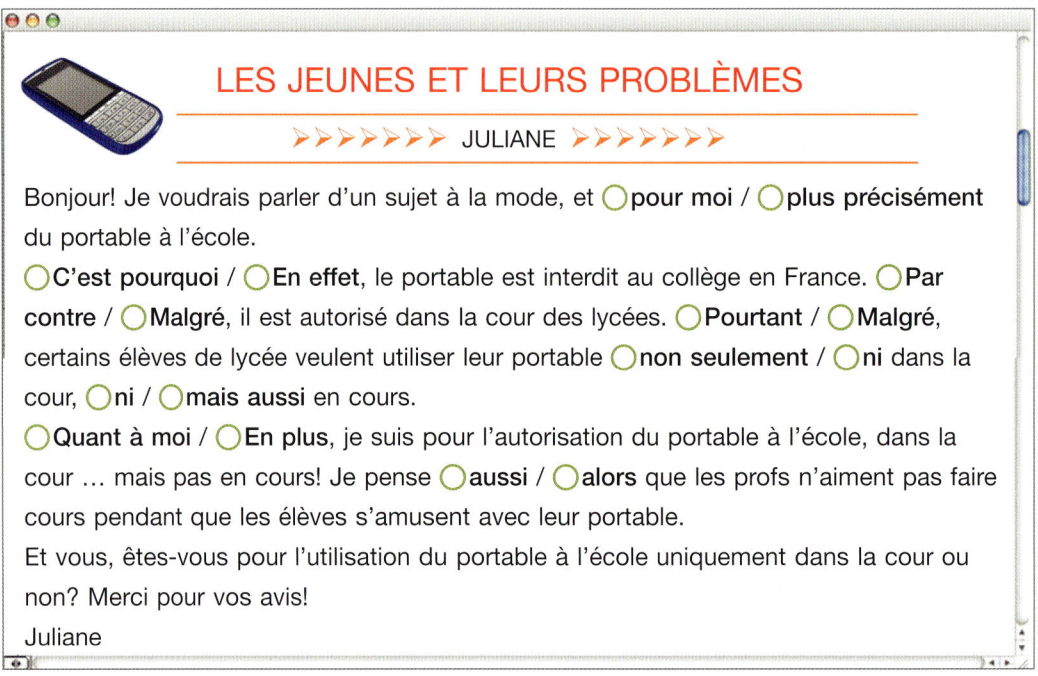

LES JEUNES ET LEURS PROBLÈMES

➤➤➤➤➤➤➤ JULIANE ➤➤➤➤➤➤➤

Bonjour! Je voudrais parler d'un sujet à la mode, et ○ **pour moi** / ○ **plus précisément** du portable à l'école.

○ **C'est pourquoi** / ○ **En effet**, le portable est interdit au collège en France. ○ **Par contre** / ○ **Malgré**, il est autorisé dans la cour des lycées. ○ **Pourtant** / ○ **Malgré**, certains élèves de lycée veulent utiliser leur portable ○ **non seulement** / ○ **ni** dans la cour, ○ **ni** / ○ **mais aussi** en cours.

○ **Quant à moi** / ○ **En plus**, je suis pour l'autorisation du portable à l'école, dans la cour … mais pas en cours! Je pense ○ **aussi** / ○ **alors** que les profs n'aiment pas faire cours pendant que les élèves s'amusent avec leur portable.

Et vous, êtes-vous pour l'utilisation du portable à l'école uniquement dans la cour ou non? Merci pour vos avis!

Juliane

P. 275–276/24.1 **2.4** **Quand les parents se séparent** | Complète avec les expressions suivantes.

étant donné que/qu'   c'est pourquoi   peut-être

à mon avis   ce qui compte

mag@jeunes.fr

mes parents

Salut!

Mes parents se sont séparés. .... je voyage régulièrement entre leurs deux maisons. ...., ça ne va pas changer.

Pendant longtemps, j'ai fait comme si tout allait bien. Mais un jour, j'ai compris que ça n'allait vraiment plus entre mes parents. Je n'en ai pas parlé avec mes copains .... aucun d'entre eux n'a vécu ça. Mais il est possible que d'autres jeunes lecteurs vivent la même chose que moi et...

aimeraient-ils en parler avec moi? ...., c'est de ne pas être seul. Écrivez-moi.

(Clem 15 ans)

P. 275–
276/24.1

2.5 L'amitié | Un magazine a fait une enquête sur l'amitié. Voici la réponse d'une étudiante de français langue étrangère. Elle a fait neuf erreurs. Corrige son texte.

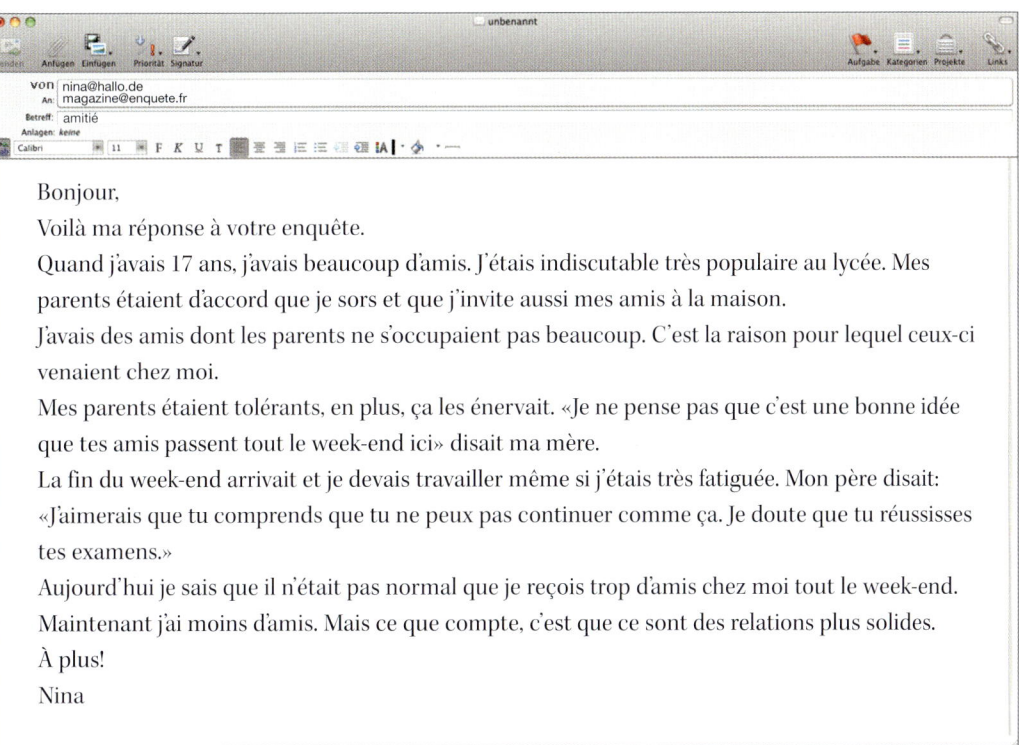

Bonjour,

Voilà ma réponse à votre enquête.

Quand j'avais 17 ans, j'avais beaucoup d'amis. J'étais indiscutable très populaire au lycée. Mes parents étaient d'accord que je sors et que j'invite aussi mes amis à la maison.

J'avais des amis dont les parents ne s'occupaient pas beaucoup. C'est la raison pour lequel ceux-ci venaient chez moi.

Mes parents étaient tolérants, en plus, ça les énervait. «Je ne pense pas que c'est une bonne idée que tes amis passent tout le week-end ici» disait ma mère.

La fin du week-end arrivait et je devais travailler même si j'étais très fatiguée. Mon père disait: «J'aimerais que tu comprends que tu ne peux pas continuer comme ça. Je doute que tu réussisses tes examens.»

Aujourd'hui je sais que il n'était pas normal que je reçois trop d'amis chez moi tout le week-end. Maintenant j'ai moins d'amis. Mais ce que compte, c'est que ce sont des relations plus solides.

À plus!

Nina

3 Préciser et illustrer sa pensée

P. 275/
24.1

3.1 Les jeunes en France | Coche les bonnes réponses.

1. Aujourd'hui, la majorité des jeunes Français est gâtée par leurs parents. ⭕**Cela se voit à** / ⭕**Par exemple**, 45 % des jeunes entre 14 et 17 ans reçoivent de l'argent de poche et 92 % possèdent un téléphone portable.

2. Les jeunes aiment moins la lecture. ⭕**Cela se voit aux** / ⭕**Autrement dit** chiffres suivants: 40 % des jeunes ont indiqué en 1970 qu'ils aimaient la lecture, tandis qu'en 2013, ils étaient seulement 16 %.

3. ⭕**Par exemple** / ⭕**Si on prend l'exemple de** la presse quotidienne, l'évolution est semblable: En 1970, 36 % des jeunes lisaient les journaux – en 2012, 10 % seulement.

4. De nos jours, les jeunes Français préfèrent consommer d'autres médias, et ⭕**de plus** / ⭕**plus précisément** la télé et Internet.

5. Plus de jeunes passent le bac aujourd'hui en France. ⭕**En tout cas** / ⭕**En effet**, près de 70 % des jeunes Français ont passé le bac en 2013. Il y en avait seulement 20,1 % en 1970.

P. 275/
24.1

3.2 Dernières nouvelles | Complète avec des expressions pour préciser.

I
Gérard Depardieu, acteur français célèbre,

quitte la France il

veut payer moins d'impôts.

2
Nous devons dépenser moins d'argent;

........................., nous devons économiser.

3
.... la politique de lutte contre la

drogue, la Suède mène une politique efficace.

4
Le harcèlement au collège a augmenté!

........................., 10 % des collégiens

déclarent être harcelés en 2012.

5
Salon du livre de jeunesse à Trouville

Beaucoup d'auteurs sont venus. ...., Bernard Friot, Anne

Pouget, Fred Bernard, Monique Proulx.

4 Encore plus de textes

P. 274/
24.1

4.1 Mon mail à Petros | Tu as un ami grec. Votre langue commune est le français. Il a la possibilité d'aller étudier pendant un an au Québec. Il t'a écrit car il hésite. Tu lui réponds. Avant d'envoyer ton mail, tu le relis et tu trouves neuf erreurs. Corrige-les dans ton cahier.

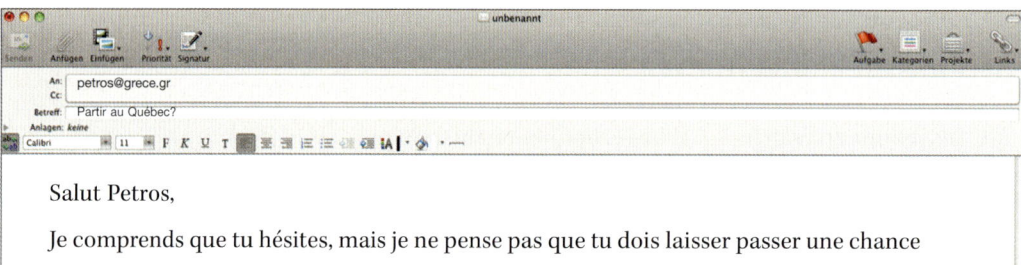

Salut Petros,

Je comprends que tu hésites, mais je ne pense pas que tu dois laisser passer une chance comme celle-ci. Bien sûr, cela va être difficile de laisser ta petite copine et ta famille pendant un an. Comme tu vas partir très loin, j'imagine que tu ne puisses pas revenir facilement.

Pourtant tu dois penser à tous les avantages d'une année d'études au Québec!

D'abord, il est possible que tu as des cours en français et en anglais. Tu pourras améliorer tes deux langues.

Ensuite, les universités québécoises sont super bien équipées. Prenons l'exemple de les labos de haute technologie, installations sportives etc.

Je ne crois pas que les études sont plus chères qu'en Europe. Contrairement, la vie au Québec est moins chère que dans d'autres régions du Canada.

Malgré que tu es certainement inquiet à cause du froid, je suis sûr que tu vas te sentir bien.

Je ne doute pas que tu dois partir. C'est sûr que tu reviendras avec des beaux souvenirs!

Ton ami/e

P. 274–276/24.1

4.2 Ton avis sur le nucléaire | Après un débat sur le nucléaire en classe, tu écris une lettre à ton/ta correspondant/e français/e pour lui donner ton avis. Pense aux expressions verbales et aux connecteurs pour structurer ton texte. Tu peux aussi utiliser:

> démanteler – *zerschlagen*   le déchet radioactif – *der radioaktive Abfall*
> le réchauffement climatique – *die Klimaerwärmung*   préserver – *schützen*
> les énergies renouvelables *f. pl.* – *die erneuerbaren Energien*

....

....

....

....

....

....

....

....

....

....

Évaluation

Nachdem du die Übungen bearbeitet hast, schätze dich ein.

1. Ich kann meine Gedanken gliedern und dabei die connecteurs verwenden.
   ○ Ich kann es gut.
   ○ Ich kann es noch nicht sicher.

2. Ich kann meine Meinung formulieren, Argumente anführen, Schlussfolgerungen ziehen, widersprechen und dabei die Modi richtig gebrauchen.
   ○ Ich kann es gut.
   ○ Ich kann es noch nicht sicher.

3. Ich kann präzisieren, Beispiele geben und Argumente mit Beispielen belegen.
   ○ Ich kann es gut.
   ○ Ich kann es noch nicht sicher.

Arbeite in den Bereichen, in denen du dich noch nicht sicher fühlst, die entsprechenden Abschnitte in der *Französischen Grammatik* durch: → S. 274–276/24.1.

2. Schreibabsichten und grammatische Strukturen
Des structures grammaticales utiles pour la rédaction d'un texte

Teste tes connaissances.

Fais le test suivant et vérifie tes réponses p. 75.
Si tu as bien répondu, tu peux approfondir tes connaissances en faisant les exercices → ✓.
Si tu n'as pas bien répondu, consulte les explications dans ton livre de grammaire → 📖.
Fais ensuite les exercices → ✗.

Fonder le choix d'un sujet	*Französische Grammatik* 📖 p. 277/24.2 Exercices ✗ p. 20/1.1, p. 21/1.2 ✓ p. 21/1.3, p. 22/1.4	
Lis les avis des jeunes et coche les bonnes réponses.	correct	faux
Régis: Travailler dans une usine, est-ce un bon job d'été?	⭘	⭘
Xavier: Ce que m'intéresse, c'est de travailler à la campagne.	⭘	⭘
Louis: Le job d'été de rêve, ça n'existe pas.	⭘	⭘

Introduire l'argumentation	*Französische Grammatik* 📖 p. 278/24.2 Exercices ✗ p. 22/2.1 ✓ p. 23/2.2	
Lis les avis des jeunes et coche les bonnes réponses.	correct	faux
Léo: Il faut que mes parents et moi parlons de mon job d'été.	⭘	⭘
Mara: Un job d'été pour tous les jeunes? Voilà la question.	⭘	⭘
Nathan: Parler d'un sujet important pour les ados: «le job d'été».	⭘	⭘

Citer quelqu'un	*Französische Grammatik* 📖 p. 278/24.2 Exercices ✗ p. 23/3.1 ✓ p. 24/3.2	
Lis les avis des jeunes et coche les bonnes réponses.	correct	faux
Adèle: Mes parents ont dit je dois trouver un job d'été.	⭘	⭘
Alex: Mon grand frère se demande s'il va travailler cet été.	⭘	⭘

Justifier une affirmation	*Französische Grammatik* 📖 p. 278/24.2 Exercices ✗ p. 24/4.1 ✓ p. 25/4.2–4.3	
Lis les avis des jeunes et coche les bonnes réponses.	correct	faux
Tristan: Ayant besoin d'argent, je vais travailler cet été.	⭘	⭘
Mara: Je travaille dans un atelier de mode parce que j'aime la mode.	⭘	⭘
Ninon: Je suis triste à cause de je n'ai pas trouvé de job d'été.	⭘	⭘

Considérer les deux côtés d'une chose

Französische Grammatik 📖 p.279/24.2
Exercices ✗ p.26/5.1 ✓ p.26/5.2, p.27/5.3

Lis les avis des jeunes et coche les bonnes réponses.	correct	faux
Jules: Un job d'été, ce n'est ni bon ni mauvais.	○	○
Sonia: Bien que je suis crevée, je travaille en été.	○	○

Formuler des conditions

Französische Grammatik 📖 p.279/24.2
Exercices ✗ p.27/6.1 ✓ p.28/6.2

Lis les avis des jeunes et coche les bonnes réponses.	correct	faux
Léo: Si je ne trouverais pas de job, je partirais pour l'Espagne.	○	○
Marco: En cas de je ne travaille pas, je resterais à la maison.	○	○
Nora: Si je réussis mon bac, je passerai d'abord mon permis.	○	○

Faire une description

Französische Grammatik 📖 p.279/24.2
Exercices ✗ p.28/7.1–7.2 ✓ p.29/7.3

Lis les avis des jeunes et coche les bonnes réponses.	correct	faux
Nicolas: Anna Gavalda est une auteure française connu.	○	○
Clarisse: Oui, c'est une auteure qui j'admire pour son talent.	○	○

Décrire des conséquences

Französische Grammatik 📖 p.280/24.2
Exercices ✗ p.30/8.1 ✓ p.30/8.2

Lis les avis des jeunes et coche les bonnes réponses.

Paul: Ma mère m'a appris à lire à l'âge de cinq ans afin que je ○**n'ai pas** / ○**n'aie pas** de difficultés à l'école.

Marie: Mes parents adorent voyager. Par conséquent, nous ○**partons** / ○**partirons** tous les étés dans un pays différent.

Formuler des suppositions, des certitudes et des jugements

Französische Grammatik 📖 p.280–281/24.2
Exercices ✗ p.31/9.1–9.2 ✓ p.32/9.3–9.4, p.33/9.5

Lis les avis des jeunes et coche les bonnes réponses.

Elsa: Je suis sûre que mes parents ○**ont eu** / ○**aient** une jeunesse plus facile que la mienne.

David: Je crois que mes parents ○**ont été** / ○**étaient** tous les deux des bons élèves.

Julie: Je trouve normal que les parents ○**peuvent** / ○**puissent** se retrouver seuls.

Entraîne-toi.

1 Fonder le choix d'un sujet

P. 277/ 24.2

1.1 Quels métiers pour les jeunes? | a) Transforme les phrases d'après l'exemple. Utilise la bonne forme du verbe *se demander* et les mots interrogatifs qui conviennent.

Exemple: Je trouve le métier de journaliste passionnant. Mais est-ce que ce métier va continuer à exister? → *Mais je me demande si ce métier va continuer à exister.*

1. *Paul:* J'aimerais devenir prof parce que j'aime les enfants. Mais est-ce que c'est un métier difficile?

....

2. *Mélanie:* Je voudrais devenir vétérinaire. Mais est-ce que j'aurai peur de voir les animaux souffrir?

....

....

3. *Vincent:* Je voudrais faire un stage en Afrique. Pourquoi est-ce qu'ils n'acceptent pas les jeunes de

moins de 18 ans? ....

....

4. *Lisa:* J'aimerais être actrice de cinéma. Quelles études est-ce qu'il faut faire?

....

5. *Tom:* Je voudrais travailler dans un restaurant. Où est-ce que je vais trouver une bonne formation?

....

6. *Elsa:* Être photographe m'intéresse. Comment est-ce qu'on devient photographe professionnel?

....

b) Transforme les phrases de a). Utilise l'interrogation avec inversion. Écris dans ton cahier.

Exemple: Je trouve le métier de journaliste passionnant. Mais est-ce que ce métier va continuer à exister? → *Mais ce métier va-t-il continuer à exister?*

P. 277/
24.2

1.2 Ce que j'aime | Transforme les phrases afin de mettre en relief ce que Milan aime ou ce qu'il n'aime pas. Utilise *ce qui/ ce que.*

Exemple: J'aime la campagne. → *Ce que j'aime, c'est la campagne.*

> 1. Je déteste les émissions de téléréalité car on ne sait jamais si ce qui se passe est vrai.
>
> 2. J'adore cuisiner pour mes amis.
>
> 3. Ça me plaît d'écouter mon ami jouer de la flûte.
>
> 4. Je déteste que ma famille me pose des questions sur le lycée.
>
> 5. C'est amusant de partir en vacances avec ses amis.
>
> 6. C'est ennuyeux de faire ses devoirs pendant le week-end.

1. ....
2. ....
3. ....
4. ....
5. ....
6. ....

P. 277/
24.2

1.3 C'est mon avis qui compte | a) Transforme les phrases afin de mettre en relief ce qui te semble important.

Exemple: Cette présentatrice est connue. → *C'est cette présentatrice qui est connue.*

1. J'aime beaucoup le nouveau journaliste qui présente le journal de 20 heures.

....

2. Le film «The Artist» a eu du succès dans le monde entier.

....

3. ARTE montre des bonnes émissions pour les ados.

....

4. Cette chaîne attire chaque année de plus en plus de spectateurs.

....

5. Le nouveau magazine MagaJeunes plaira beaucoup aux jeunes.

....

6. Ils vont apprécier ce magazine pour son originalité.

....

b) Un de tes amis n'est pas tout à fait d'accord avec toi. Il exprime ses doutes. Transforme les phrases d'après l'exemple. Attention au mode des verbes!

Exemple: Cette présentatrice est connue. → *Je doute que cette présentatrice soit connue.*

1. Le film «The Artist» a eu du succès dans le monde entier.

   ....

2. ARTE montre des bonnes émissions pour les ados.

   ....

3. Cette chaîne connaît de plus en plus de succès.

   ....

4. Le nouveau magazine MagaJeunes plaît beaucoup aux jeunes.

   ....

P. 277/ 24.2 **1.4 Partir en vacances** | Remplace les pourcentages soulignés par les adverbes de temps et de quantité qui conviennent. Écris dans ton cahier.

⬤

| la majorité de | souvent | (très) peu de |
| une minorité de | rarement | la plupart (de) |

> Selon une enquête, 62 % des jeunes attendent de pouvoir partir en vacances. Seuls 5 % d'entre eux pensent que partir en vacances n'est pas important. Pourtant, 61 % des jeunes n'ont pas la chance de partir régulièrement. Plus d'un jeune sur dix (13 %) ne part jamais en vacances. Ceux qui ne partent pas en vacances, donnent comme raison principale le manque d'argent (39 %) et le manque de temps (38 %). Les séjours linguistiques ne concernent que 5 % des jeunes de 11 à 23 ans. Pour 7 % des jeunes écoliers, les devoirs de vacances sont une activité importante.

2 Introduire l'argumentation

P. 278/ 24.2 **2.1 Voilà le sujet!** | Relie.

○

C'est la question	1		A	que nous allons parler.
Voilà les questions	2		B	le problème.
C'est de ce problème	3		C	qui se posent.
Parlons de	4		D	qui se pose.
Voilà	5		E	ce problème.

1. .... − 2. .... − 3. .... − 4. .... − 5. ....

P. 278/ 24.2

2.2 **Les bons conseils d'un prof à ses élèves** | a) Fais des phrases avec *il faut* + infinitif.

Exemple: Parlons d'un sujet intéressant pour les jeunes. → *Il faut parler d'un sujet intéressant pour les jeunes.*

1. Discutons des problèmes de l'environnement.

....

2. Posons d'abord les bonnes questions.

....

3. Faisons un plan pour structurer notre discussion.

....

4. Examinons ensuite le sujet de plus près.

....

5. Finissons la discussion par une conclusion positive.

....

b) Transforme les phrases de a). Utilise *il faut que* + subjonctif.

Exemple: Il faut parler d'un sujet intéressant pour les jeunes. → *Il faut que nous parlions d'un sujet intéressant pour les jeunes.*

3 Citer quelqu'un

P. 278/ 24.2

3.1 **Des citations sur l'amour** | a) Utilise *dire, affirmer, prétendre* pour rapporter ces citations au présent.

Exemple: L'amour rend aveugle. (Daniel Pennac) → *Daniel Pennac dit que l'amour rend aveugle.*

1. L'absence ni le temps ne sont rien quand on s'aime. (Alfred de Musset)

....

2. L'amour consiste à être bête ensemble. (Paul Valéry)

....

3. L'enfer, c'est de ne plus aimer. (Georges Bernanos)

....

4. Le manque d'amour est la plus grande pauvreté. (Mère Teresa)

....

b) Transforme les phrases de a) au passé.

Exemple: Daniel Pennac dit que l'amour rend aveugle. → *Daniel Pennac a dit que l'amour rendait aveugle.*

P. 278/ 24.2

3.2 L'interview | Réécris les questions du journaliste. Utilise l'interrogation indirecte avec *demander* et les mots interrogatifs qui conviennent. Écris dans ton cahier.

Exemple: Est-ce que vous avez toujours voulu être actrice?
→ *Le journaliste demande si Juliette Gaspard a toujours voulu être actrice.*

Le journaliste: **Bonjour, Juliette Gaspard.**
L'actrice: **Bonjour, Monsieur.**

Le journaliste: **Est-ce que vous avez toujours voulu être actrice?**
L'actrice: **Oui, toute petite, j'imaginais des histoires que je jouais avec ma sœur devant nos parents.**

Le journaliste: **Comment est-ce que vous avez appris votre métier?**
L'actrice: **J'ai commencé à prendre des cours de théâtre au lycée. Puis j'ai joué un rôle dans un petit film. Ça me plaisait vraiment. J'ai ensuite fait des études de théâtre.**

Le journaliste: **Est-ce que vos parents étaient d'accord?**
L'actrice: **Oui, mes parents avaient compris que c'était une passion.**

Le journaliste: **On dit que vous préférez le théâtre. Est-ce vrai? Et pouquoi est-ce que vous préférez le théâtre?**
L'actrice: **Parce qu'on a le public devant soi et qu'on l'entend réagir. Quand les spectateurs sont contents, ils le montrent.**

Le journaliste: **Est-ce que vous aimeriez jouer à Hollywood?**
L'actrice: **Oui, bien sûr, tous les acteurs rêvent de ça.**

Le journaliste: **Pourquoi est-ce que vous choisissez des rôles très différents?**
L'actrice: **J'aime bien changer. C'est plus intéressant.**

Le journaliste: **Merci Juliette Gaspard. Je vous souhaite beaucoup de succès.**
L'actrice: **Merci à vous.**

---

4 Justifier une affirmation

 P. 278/ 24.2

4.1 Des raisons pour partir à l'étranger | Des jeunes disent pourquoi ils ont envie d'aller à l'étranger. a) Forme des phrases d'après l'exemple.

Exemple: passer un an en Australie / parce que / s'intéresser à ce pays (Olivier)
→ *Olivier va passer un an en Australie parce qu'il s'intéresse à ce pays.*

1. passer trois mois dans une famille française / comme / avoir envie de mieux parler la langue (Kiara)

   ....

2. étudier à l'étranger avec le programme Erasmus / puisque / ne pas vouloir manquer cette expérience (Tobias)

   ....

3. faire un stage dans une entreprise au Québec / parce que / vouloir découvrir un nouveau pays (Ilona)

   ....

4. travailler comme assistante dans un lycée français / car / souhaiter devenir professeur de français (Hannah)

   ....

b) Transforme les phrases de a). Utilise le participe présent. Écris dans ton cahier.

Exemple: Olivier va passer un an en Australie parce qu'il s'intéresse à ce pays. → *S'intéressant à ce pays, Olivier va passer un an en Australie.*

1. ....
2. ....
3. ....
4. ....

P. 278/ 24.2 **4.2 Il faut donner des arguments** | Complète avec les connecteurs suivants ou le participe présent du verbe entre parenthèses pour obtenir des phrases sensées.

car   donc   en effet   par conséquent

1. L'abus de tabac peut tuer. ...., Gaspar ne touchera jamais à une cigarette.
2. Aujourd'hui, Adèle reste à la maison .... elle est malade.
3. Claire n'arrête pas de rigoler. ...., le film qu'elle regarde l'amuse beaucoup.
4. .... (*avoir*) peu de temps, Mehdi ne peut pas se préparer suffisamment à son examen.
5. .... (*être*) très timide, Jules n'ose pas dire la vérité à son prof.
6. Patrick n'aime pas sortir le soir, il reste .... toujours chez lui après le dîner.

P. 278/ 24.2 **4.3 Voilà ses arguments** | Ta correspondante française veut passer un an en Allemagne, mais ses parents sont contre. Elle leur écrit une lettre. Aide-la à expliquer son point de vue et à donner des arguments. Tu peux utiliser les expressions suivantes. Attention au mode des verbes!

voilà le problème   puisque   par conséquent   je crois que   je suis convaincue que
un exemple en est   à mon avis   alors   en plus   car   par exemple
je ne pense pas que   donc   d'une part ... d'autre part   cependant

Chers parents,
Je voudrais partir étudier en Allemagne. ....
....
....
....
....
....
....
....
....

5 Considérer les deux côtés d'une chose

P. 279/ 24.2 **5.1 Avantages et inconvénients des réseaux sociaux** | Complète le texte. Utilise les expressions suivantes.

> non seulement ... mais aussi   mais   d'une part ... d'autre part
>
> malgré   ne ... ni ... ni ...

Les réseaux sociaux .... sont .... bons, ...
mauvais. Tout dépend de ce qu'on en fait. ...., ils nous permettent d'être en
contact avec nos amis, même ceux qui habitent loin. ...., on peut y mettre des
photos et des vidéos. C'est un bon moyen de partager sa vie.

.... leurs nombreux avantages, les réseaux sociaux présentent aussi quelques
dangers. On peut .... y passer trop de temps, ...
être victime de mauvaises rencontres. Il ne faut pas entrer en contact avec des inconnus, et surtout
ne pas accepter de rendez-vous avec eux. .... dans l'ensemble, les réseaux sociaux
peuvent nous apporter beaucoup si on reste prudent.

P. 279/ 24.2 **5.2 Malgré tout** | a) Relie les parties de phrases afin d'obtenir des phrases sensées. Utilise *malgré* + nom.

Exemple: Lisa | ses problèmes de santé | *être* toujours de bonne humeur
→ *Malgré ses problèmes de santé, Lisa est toujours de bonne humeur.*

Karim	son jeune âge	*étudier* la littérature
Thibaut	son amour pour la campagne	*se comporter* comme un idiot
Mélanie	sa peur de l'eau	*être* déjà professeur
Clara	son intérêt pour les sciences	*faire* souvent du camping
Rémi	sa peur des insectes	*continuer* à travailler
Hélène	son envie de dormir	*apprendre* à nager
Nathan	son intelligence	*vivre* en ville

1. ....
2. ....
3. ....
4. ....
5. ....
6. ....
7. ....

b) Réécris les phrases de a) avec *bien que* + subjonctif.

Exemple: *Bien qu'elle ait des problèmes de santé, Lisa est toujours de bonne humeur.*

P. 279/
24.2

5.3 Malgré leurs qualités ou leurs défauts | a) Fais des phrases d'après l'exemple. Utilise *bien que* ou *quoique* + subjonctif.

Exemple: Paul / *être* peu sportif / *traverser* la France à vélo
→ *Bien qu'il soit peu sportif, Paul traverse la France à vélo.*

1. Nicolas / *être* musicien / *chanter* faux
2. Marie / *étudier* peu / *réussir* ses examens
3. Alice / *faire* bien la cuisine / ne pas *savoir* faire des gâteaux
4. Diane / *lire* peu / *avoir* beaucoup de vocabulaire
5. Samuel / *dormir* peu / *être* toujours en forme
6. Marco / *parler* peu le français / ne pas *avoir* peur de s'exprimer

1. ....
2. ....
3. ....
4. ....
5. ....
6. ....

b) Transforme les phrases de a) avec *d'un côté ... de l'autre côté*. Écris dans ton cahier.

Exemple: *D'un côté, Paul est peu sportif, mais de l'autre côté, il traverse la France à vélo.*

c) Transforme les phrases de a) avec *tout* + gérondif. Écris dans ton cahier.

Exemple: Paul / être peu sportif / traverser la France à vélo → *Tout en étant peu sportif, Paul traverse la France à vélo.*

6 Formuler des conditions

P. 279/
24.2

6.1 En cas de problème | a) Transforme les phrases. Utilise *au cas où* + indicatif.

1. Appelle la police si un danger se présente.

....

2. Consulte un médecin si une maladie s'annonce.

....

3. Appelle les pompiers s'il y a un incendie.

....

4. Il faut en parler à tes parents si quelqu'un t'agresse au lycée.

....

b) Transforme les phrases de a). Utilise *en cas de* + nom. Écris dans ton cahier.

P. 279/
24.2

6.2 Des conditions plus favorables | a) Termine les phrases d'après l'exemple.

Exemple: *conseiller* mieux les élèves → Les profs auront plus de succès en cours *s'ils conseillent mieux les élèves.*

1. *utiliser* des méthodes plus motivantes

   Les profs auront plus de succès en cours ....

2. *lire* des textes plus intéressants avec leurs élèves

   Les profs auront plus de succès en cours ....

3. *être* moins autoritaires

   Les profs auront plus de succès en cours ....

4. *offrir* plus de soutien aux élèves

   Les profs auront plus de succès en cours ....

b) Formule les phrases de a) avec le gérondif. Écris dans ton cahier.

Exemple: *conseiller* mieux les élèves → *Les profs auront plus de succès en cours en conseillant mieux les élèves.*

7 Faire une description

P. 279/
24.2

7.1 Portrait de Pénélope Bagieu | Reconstitue le texte. Utilise les adjectifs entre parenthèses. Attention à leur accord et leur place dans la phrase!

Pour l'interview, Pénélope Bagieu qui est une auteure de bédés arrive avec un (*casque – gros – bleu*)

.... sur les oreilles, des (*bijou – beau*)

.... et une (*jupe – long – blanc*) ....

C'est une (*femme – jeune – fascinant*) ....

Pénélope Bagieu est une (*illustratrice – excellent*) .... Elle a

trouvé sa place dans le monde de la bédé qui est encore dominé par les hommes. C'est une (*femme –*

actif – frais et plein d'humour) ....

.... Pour elle, être dessinatrice de bédé, c'est un (*travail – énorme*)

.... mais qui est aussi .... (*fascinant*).

P. 279/
24.2

7.2 Un exercice plus amusant qu'une interro | a) Utilise les comparatifs (–/+) des adjectifs et reconstitue les comparaisons.

Exemple: un métal (+ / *précieux*) l'argent: l'or → *un métal plus précieux que l'argent: l'or*

1. un élève (+ / *intelligent*) son prof: un génie

....

28

2. un animal (– / *dangereux*) un lion: une girafe

....

3. une plante (+ / *beau*) un cactus: une rose

....

4. un bâtiment (+ / *haut*) un bungalow: un gratte-ciel

....

5. un jeu (– / *brutal*) le rugby: la pétanque

....

b) Forme des phrases comparatives avec les mots de a). Écris dans ton cahier.

Exemple: *L'or est un métal plus précieux que l'argent.*

P. 279/
24.2

7.3 Portraits d'élèves et de profs | a) Regarde le dessin et choisis l'élève que tu trouves le/la plus sympathique. Fais son portrait physique. Utilise le plus d'adjectifs possible.

Les expressions suivantes peuvent t'aider:

| Il/Elle a l'air … Il/Elle paraît … Il/Elle se comporte comme … Son visage est … |
| Ses yeux sont … Son regard est … Ses gestes sont … |

b) Regarde le dessin de a) et choisis le/la prof que tu trouves le/la moins sympathique. Fais son portrait physique. Écris dans ton cahier.

8 Décrire des conséquences

P. 280/ 24.2 **8.1 Les conséquences de la pollution** | Complète le texte. Utilise les expressions suivantes.

par conséquent   à la suite de   il est inévitable que/qu'   il en résulte que/qu'

.... la pollution, nous vivons dans un monde sale et

pollué. La qualité de la vie est de plus en plus mauvaise. ....

les habitants ne se sentent plus bien dans leur peau.

La pollution de l'air détruit la couche d'ozone. .... on est exposé

aux rayons du soleil. ...., les cancers de la peau augmenteront.

P. 280/ 24.2 **8.2 Sauver la planète** | Voici un texte sur les gestes utiles pour sauver la planète. Coche les bonnes réponses et complète avec les bonnes formes des verbes.

Quand je sors d'une pièce, j'éteins toujours la lumière ◯ pour /
◯ pour que .... (économiser) l'électricité. Cela fait à la fois des économies d'énergie et des écono-
mies sur la facture d'électricité.
Avant de dormir, je règle le chauffage de ma chambre ◯ de
manière que / ◯ afin de la température .... (ne pas dépasser)
17 degrés.
Un bain consomme 250 litres d'eau, ce qui est l'équivalent de cinq douches!
Alors je prends toujours des douches ◯ afin de / ◯ de façon que
.... (diminuer) ma consommation d'eau.
J'utilise l'eau froide pour laver les fruits et les légumes. Je donne l'exemple
◯ pour que / ◯ pour mes parents .... (faire) pareil.
Quand je fais les courses, j'emporte toujours un sac ◯ de façon que /
◯ afin de .... (ne pas utiliser) des sacs en plastique. Je donne
aussi un sac à mon frère ◯ de façon qu' / ◯ pour il ....
(suivre) mon exemple. Je choisis des produits avec des emballages en verre ou
en carton ◯ pour qu' / ◯ pour ils .... (pouvoir) être
recyclés. Tout cela n'est pas très difficile à faire.
C'est ma contribution et cela peut être la vôtre aussi.

9 Formuler des suppositions, des certitudes et des jugements

P. 280–281/24.2 **9.1 Les certitudes du commissaire** | À la suite de cinq crimes dont les victimes étaient des femmes, le commissaire Maigret résume son enquête. Forme des phrases d'après l'exemple. Écris dans ton cahier.

Il est clair que
Il est évident que
Je sais que
Je crois que
Je suis sûr que
Je suis certain que
Je suis persuadé que
Je suis convaincu que
	un seul meurtrier (*être*) l'auteur des cinq crimes
	les crimes (*avoir lieu*) dans un seul quartier
	le meurtrier ...
	  – (*connaître*) bien le quartier
	  – (*vivre*) dans ce quartier
	  – (*être*) intelligent
	  – (*avoir*) les cheveux bruns
	  – (*mener*) une vie régulière
	  – (*agir*) encore une fois

Exemple: *Je crois qu'un seul meurtrier est l'auteur des cinq crimes.*

P. 280–281/24.2 **9.2 Les suppositions du prof** | Les élèves de la seconde C ont des mauvaises notes en français. Pendant le conseil de classe, leur professeur exprime ses suppositions et ses certitudes. Forme des phrases avec les mots donnés. Attention au mode des verbes!

1. ce (*être*) surtout les garçons qui ne s'intéressent pas au cours de français

2. les élèves (*être*) trop distraits et (*ne pas travailler*) assez

3. ils (*être*) plus attentifs si on leur proposait d'autres sujets

4. ils (*faire*) plus attention en cours s'ils avaient plus de temps libre

5. nous (*pouvoir*) changer leur comportement ce trimestre

6. il (*falloir*) attendre la fin de leur puberté pour qu'ils changent

1. (*croire que*) *Je crois que ce sont surtout les garçons qui* ....
   ....

2. (*être sûr que*) ....

3. (*selon moi*) ....

4. (*croire que*) ....

5. (*être impossible que*) ....

6. (*être convaincu que*) ....

P. 280–281/24.2

9.3 Des opinions différentes | a) Voici les opinions de plusieurs jeunes sur l'Europe. Transforme les phrases d'après l'exemple. Utilise les verbes *penser, trouver, croire* et *être d'avis que*.

Exemple: Selon moi, avoir une monnaie commune facilite beaucoup les voyages.
→ *Je trouve qu'avoir une monnaie commune facilite beaucoup les voyages.*

1. Selon moi, les pays riches de l'Union européenne devraient aider davantage les pays pauvres.

   ....

2. Pour moi, le programme Erasmus est l'un des meilleurs programmes européens.

   ....

3. À mon avis, l'Allemagne et la France sont les moteurs de l'Union européenne.

   ....

4. Selon mon expérience, il est plus facile de voyager dans l'Union européenne.

   ....

5. Pour moi, la possibilité de travailler n'importe où dans l'Union européenne est une bonne chose.

   ....

6. À mon avis, les jeunes Européens ont de plus en plus envie d'apprendre les langues étrangères.

   ....

b) Un de tes amis ne partage pas ces opinions. Imagine ce qu'il dit. Tu peux utiliser les expressions suivantes. Écris dans ton cahier.

je ne suis pas sûr/e que   je doute que   je ne suis pas d'avis que   je ne crois pas que

Exemple: Je trouve qu'avoir une monnaie commune facilite beaucoup les voyages. → *Je ne suis pas sûr/e qu'avoir une monnaie commune facilite beaucoup les voyages.*

P. 281/ 24.2

9.4 On s'étonne | Reconstitue les phrases. Utilise le superlatif (−− / ++) des adjectifs. Attention au mode des verbes!

1. «La tête en friche»   être   (*touchant* ++)   film   que   Éric   (*avoir vu*)

   «La tête en friche» est le film le plus touchant qu'Éric ait vu.

2. Marion Cotillard   être   (*bon* ++)   actrice   française   que   Mara   (*connaître*)

   ....

   ....

3. «Paris plage»   être   (*bizarre* ++)   spectacle   que   Lucie   (*avoir observé*)

   ....

   ....

4. Omar Sy être (*bon* ++) acteur qui (*pouvoir jouer*) le rôle de Driss dans le film «Intouchables»

....

....

5. Les Jeux Olympiques être (*spectaculaire* ++) événement sportif que le monde (*connaître*)

....

....

6. La tour Eiffel être (*haut* ++) monument dans lequel Marc et Claire (*être montés*)

....

....

P. 280/ 24.2

9.5 Chez la conseillère d'orientation | Gilles n'est pas sûr de ce qu'il voudrait faire plus tard. Lis le dialogue et coche les bonnes réponses.

La conseillère: Bonjour, Gilles. Je m'appelle Marie Rouard. Je suis ta conseillère d'orientation.

Gilles: Bonjour, Madame.

La conseillère: J'ai regardé les tests que tu as faits sur ordinateur et il est ⭕ **évident** / ⭕ **impossible** que tu t'intéresses aux métiers où tu pourras avoir un contact avec les gens.

Gilles: Oui, c'est exact.

La conseillère: Étant donné les résultats des tests, je suis ⭕ **persuadée** / ⭕ **contente** que tu ⭕ **écris** / ⭕ **écrives** bien. ⭕ **Je voudrais** / ⭕ **Je sais** que tu es curieux. ⭕ **À mon avis** / ⭕ **Selon mon expérience**, le métier de journaliste te ⭕ **conviendrait** / ⭕ **convienne**.

Gilles: Mais ⭕ **je pense** / ⭕ **je me demande** que c'est très difficile de devenir journaliste.

La conseillère: Je suis ⭕ **heureuse** / ⭕ **convaincue** que tu en es capable. Mais est-ce que tu t'intéresses à l'actualité?

Gilles: Oui, mais il n'est pas ⭕ **sûr** / ⭕ **important** que je ⭕ **réussis** / ⭕ **réussisse**. Je suis ⭕ **ennuyé** / ⭕ **certain** qu'il y a beaucoup d'autres jeunes qui veulent devenir journalistes.

La conseillère: As-tu une bonne mémoire?

Gilles: Je pense que oui.

La conseillère: Alors, il est ⭕ **clair** / ⭕ **incertain** que ce métier ⭕ **est** / ⭕ **soit** fait pour toi. Si tu veux plus de renseignements, tu ⭕ **trouveras** / ⭕ **touverais** toutes les informations dans cette brochure.

Gilles: Merci Madame. Je vais la regarder. Au revoir!

La conseillère: Au revoir, Gilles!

10 Encore plus de textes

P.277–281/24.2 **10.1 Leurs avis** | a) Voici les avis de plusieurs jeunes. Malheureusement, il y a des erreurs dans la transcription. Souligne les erreurs.

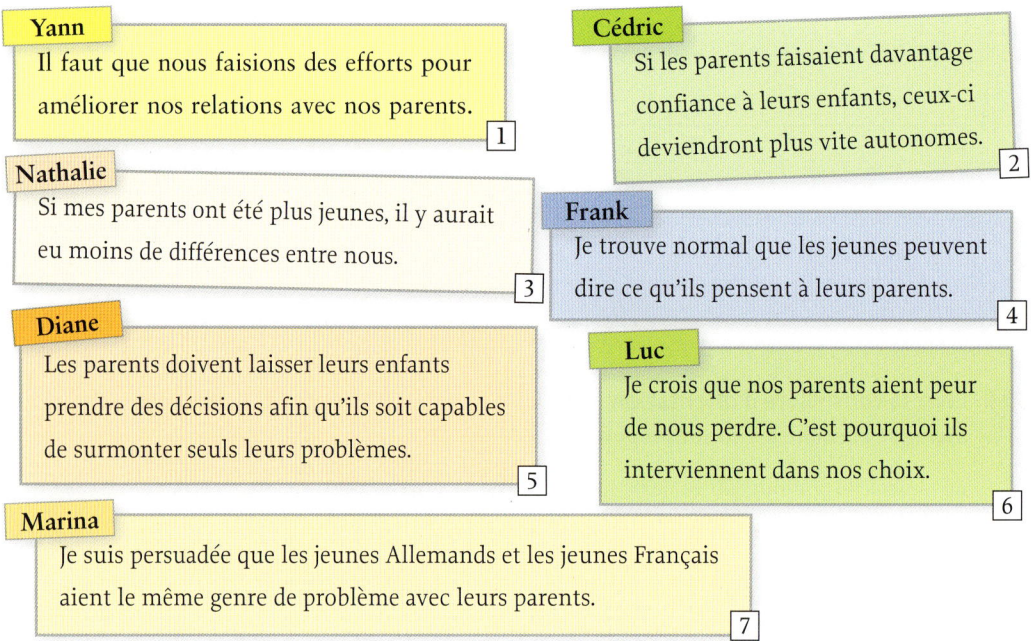

Yann
Il faut que nous faisions des efforts pour améliorer nos relations avec nos parents. [1]

Cédric
Si les parents faisaient davantage confiance à leurs enfants, ceux-ci deviendront plus vite autonomes. [2]

Nathalie
Si mes parents ont été plus jeunes, il y aurait eu moins de différences entre nous. [3]

Frank
Je trouve normal que les jeunes peuvent dire ce qu'ils pensent à leurs parents. [4]

Diane
Les parents doivent laisser leurs enfants prendre des décisions afin qu'ils soit capables de surmonter seuls leurs problèmes. [5]

Luc
Je crois que nos parents aient peur de nous perdre. C'est pourquoi ils interviennent dans nos choix. [6]

Marina
Je suis persuadée que les jeunes Allemands et les jeunes Français aient le même genre de problème avec leurs parents. [7]

b) Corrige les erreurs de a).

P.277–281/24.2 **10.2 Conflit de générations** | Le texte suivant contient douze erreurs. Peux-tu les corriger? Écris dans ton cahier.

Malgré les conflits entre parents et enfants existent depuis toujours, des sociologues affirment ils sont plus graves aujourd'hui. Ceux qui augmente les différences entre parents et enfants, ce sont les nouvelles technologies et la liberté qu'elle leur donne.

Si les jeunes qui sont nés avec Internet ne savent pas s'en passer. De l'autre côté, les parents ne comprennent pas pourquoi leurs enfants passent des heures devant leur ordinateur. Tout vivant dans la même maison, parents et enfants ont l'impression que chacun vit dans son monde.

Parents et enfants ont aussi d'autres raisons de se disputer. Les jeunes d'aujourd'hui ont envie d'indépendance. Mais car ils dépendent de leurs parents pour l'argent, ceci provoque des conflits.

Il est clair qu'il y ait aussi des différences d'opinion sur le choix des amis et le choix des études. Il en résultent des tensions. Il est vrai que les parents aient plus d'expérience que leurs enfants. Mais est-ce que cela leur donne le droit de décider pour leurs enfants?

Bien qu'il est difficile pour les parents d'accepter que leur enfant grandit, ils doivent lui faire confiance. Les jeunes ne veulent plus être considérés comme des enfants.

Dans la littérature, on trouve des exemples de conflits entre les générations. Prenons comme l'exemple de Roméo et Juliette qui s'aimaient malgré que l'opposition de leurs parents. Mais heureusement, les conflits d'aujourd'hui ne se terminent pas aussi mal.

Évaluation

Nachdem du die Übungen bearbeitet hast, schätze dich ein.

1. Ich kann die Themenwahl begründen.
   ○ Ich kann es gut.
   ○ Ich kann es noch nicht sicher.

2. Ich kann zur Argumentation übergehen.
   ○ Ich kann es gut.
   ○ Ich kann es noch nicht sicher.

3. Ich kann zitieren.
   ○ Ich kann es gut.
   ○ Ich kann es noch nicht sicher.

4. Ich kann eine Behauptung begründen.
   ○ Ich kann es gut.
   ○ Ich kann es noch nicht sicher.

5. Ich kann zwei Seiten einer Sache betrachten.
   ○ Ich kann es gut.
   ○ Ich kann es noch nicht sicher.

6. Ich kann Bedingungen nennen.
   ○ Ich kann es gut.
   ○ Ich kann es noch nicht sicher.

7. Ich kann eine Person oder eine Sache beschreiben.
   ○ Ich kann es gut.
   ○ Ich kann es noch nicht sicher.

8. Ich kann Folgen beschreiben.
   ○ Ich kann es gut.
   ○ Ich kann es noch nicht sicher.

9. Ich kann Vermutungen/Gewissheiten äußern.
   ○ Ich kann es gut.
   ○ Ich kann es noch nicht sicher.

10. Ich kann etwas beurteilen.
    ○ Ich kann es gut.
    ○ Ich kann es noch nicht sicher.

Arbeite in den Bereichen, in denen du dich noch nicht sicher fühlst, die entsprechenden Abschnitte in der *Französischen Grammatik* durch: → 📖 S. 277–281/24.2.

3. Gesprochenes und geschriebenes Französisch
Français parlé et français écrit

Teste tes connaissances.

Fais le test suivant et vérifie tes réponses p. 77.
Si tu as bien répondu, tu peux approfondir tes connaissances en faisant les exercices → ✓.
Si tu n'as pas bien répondu, consulte les explications dans ton livre de grammaire → 📖.
Fais ensuite les exercices → ✗.

Le français familier

Französische Grammatik 📖 p.283/24.3.2
Exercices ✗ p.37/1.1–1.2
✓ p.38 /1.3

Lis le dialogue et coche les bonnes réponses.	français standard	français familier	français soutenu
André: T'as fait quoi pendant les vacances?	○	○	○
Élodie: J'ai passé une semaine chez mes grands-parents.	○	○	○
André: As-tu eu du beau temps?	○	○	○
Élodie: Ouais. Le temps, il a été trop génial.	○	○	○
André: Tes grands-parents, t'ont-ils emmenée visiter la région?	○	○	○
Élodie: Oui, nous avons fait des excursions très agréables.	○	○	○

Le français soutenu

Französische Grammatik 📖 p.283/24.3.3
Exercices ✗ p.39/2.1, p.40/2.2
✓ p.40/2.3, p.41/2.4

Lis le dialogue et coche les bonnes réponses.	français standard	français familier	français soutenu
André: Tu faisais quoi pendant tes vacances? Du sport?	○	○	○
Élodie: N'aimant pas trop le sport, je préférais lire.	○	○	○
André: Quand es-tu rentrée de vacances?	○	○	○
Élodie: Je suis rentrée la semaine dernière.	○	○	○
André: Est-ce que tu vas déjà travailler?	○	○	○
Élodie: Non, je ne travaillerai qu'à partir de jeudi.	○	○	○

Entraîne-toi.

1 Le français familier

P. 283/
24.3.2

1.1 Mon meilleur pote | Des jeunes discutent en français familier. Transforme ce qu'ils disent en français standard. Tu peux utiliser un dictionnaire.

1. *Florent:* Moi, mon meilleur pote, c'est Paul. Y joue d'la gratte comme un dieu.

   ....

2. *Jérémie:* Ouais, c'est vrai. Mais moi Paul, j'l'aime pas du tout.

   ....

3. *Léonie:* Moi, ma copine, Ninon, elle kiffe le ciné. On y va souvent l'aprèm' après les cours.

   ....

4. *Florent:* Ça m'étonne pas. Ninon, elle rêve de devenir actrice.

   ....

5. *Léonie:* Ouais, j'le sais. Elle veut bosser au théâtre ou au ciné.

   ....

P. 283/
24.3.2

1.2 Un mail de Florence | Remplace les mots et les structures en français familier par des équivalents en français standard. Tu peux utiliser les mots proposés dans l'encadré.

> manger – aimer – vêtements – chaussures – argent – cheveux – copine – petite amie –
> au cinéma – dans une discothèque – s'amuser – voiture – frère – manger –
> après-midi – restaurant – bien s'amuser – voiture – faire la fête – très

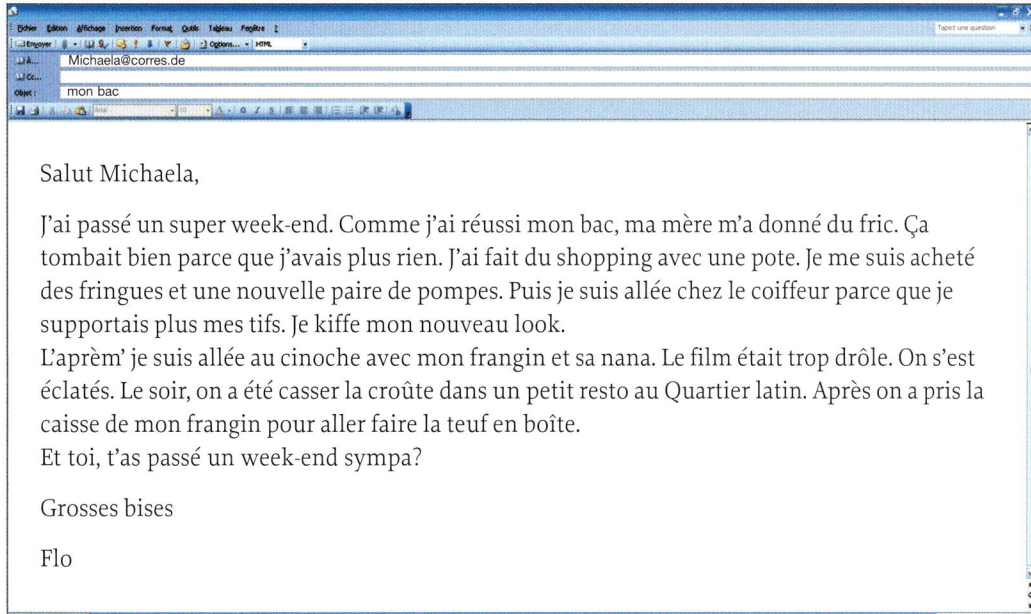

Salut Michaela,

J'ai passé un super week-end. Comme j'ai réussi mon bac, ma mère m'a donné du fric. Ça tombait bien parce que j'avais plus rien. J'ai fait du shopping avec une pote. Je me suis acheté des fringues et une nouvelle paire de pompes. Puis je suis allée chez le coiffeur parce que je supportais plus mes tifs. Je kiffe mon nouveau look.
L'aprèm' je suis allée au cinoche avec mon frangin et sa nana. Le film était trop drôle. On s'est éclatés. Le soir, on a été casser la croûte dans un petit resto au Quartier latin. Après on a pris la caisse de mon frangin pour aller faire la teuf en boîte.
Et toi, t'as passé un week-end sympa?

Grosses bises

Flo

P. 283 /
24.3.2

1.3 Vacances à Cabourg | Tobias écrit une lettre à son professeur de français, monsieur Miermont.
a) Quelles sont les structures du français familier? Classe-les dans le tableau.

> Cabourg, le 3 juillet
>
> Cher prof,
>
> Je suis en vacances chez mon corres Alexandre depuis deux semaines. Ses parents, ils ont un appart au bord de la mer à Cabourg, en Normandie. Y a beaucoup de soleil.
>
> Le matin, on prend le petit déj vers dix heures. Après on bosse un peu parce qu'en France, faut faire des devoirs de vacances! Alors j'aide Alex à bosser son allemand.
>
> L'aprèm', on joue au foot ou on va nager. La mer est pas chaude, mais c'est pas important. Quand le temps est trop pourri, on va au ciné. Ou s'il pleut pas, on se fait un tennis. Mais, moi, le tennis, j'aime pas trop.
>
> J'ai jamais passé des vacances aussi cool! Alex, lui, ça fait dix ans qu'il va à Cabourg. Des fois, il en a marre et voudrait partir ailleurs. Alors, je l'ai invité chez moi pour l'été prochain.
>
> Bon, salut, à la prochaine!
>
> Tobias

Abréviations	*prof* ....
	....
	....
	....
Mots familiers / **Expressions** **familières**	....
	....
	....
	....
Absence de **négation**	....
	....
	....
	....
Phrases **segmentées**	....
	....
	....
	....

b) Réécris la lettre de a) en français standard dans ton cahier.

38

2 Le français soutenu

P. 284/
24.3.3

2.1 Discours de l'Hôtel de Ville de Paris, 25 août 1944 | Lis le texte suivant et classe les expressions et les constructions qui sont typiques du français soutenu dans le tableau.

Pourquoi voulez-vous que nous dissimulions[1] l'émotion qui nous étreint[2] tous, hommes et femmes, qui sommes ici, chez nous, dans Paris debout pour se libérer et qui a su le faire de ses mains?

Non! Nous ne dissimulerons pas cette émotion profonde et sacrée. Il y a là des minutes qui dépassent chacune de nos pauvres vies.

Paris! Paris outragé[3]! Paris brisé[4]! Paris martyrisé! Mais Paris libéré! libéré par lui-même, libéré par son peuple avec le concours[5] des armées de la France, avec l'appui et le concours de la France tout entière, de la France qui se bat, de la seule France, de la vraie France, de la France éternelle.

Eh bien! Puisque l'ennemi qui tenait Paris a capitulé dans nos mains, la France rentre à Paris, chez elle. Elle y rentre sanglante, mais bien résolue. Elle y rentre, éclairée par l'immense leçon, mais plus certaine que jamais, de ses devoirs et de ses droits.

Je dis d'abord de ses devoirs, et je les résumerai tous en disant que, pour le moment, il s'agit de devoirs de guerre. L'ennemi chancelle mais il n'est pas encore battu. Il reste sur notre sol. Il ne suffira même pas que nous l'ayons, avec le concours de nos chers et admirables alliés, chassé de chez nous pour que nous nous tenions pour satisfaits après ce qui s'est passé. (…) Ce devoir de guerre, tous les hommes qui sont ici et tous ceux qui nous entendent en France savent qu'il exige l'unité nationale. Nous (…) n'avons pas à vouloir autre chose que de nous montrer, jusqu'à la fin, dignes de la France. Vive la France!

(http://www.charles-de-gaulle.org/pages/l-homme/accueil/discours/pendant-la-guerre-1940–1946.php)

1 dissimuler = cacher – 2 étreindre *packen* – 3 outragé/e *beleidigt* – 4 brisé/e *gebrochen* – 5 le concours *hier:* das Mitwirken

Connecteurs	....
Interrogations	....
Voix passive	....
Futur simple	....

P. 284/ 24.3.3

2.2 Une interview avec l'actrice Emma D. | Réécris les questions du journaliste en français soutenu.

Le journaliste: Ça fait combien de temps que vous faites du cinéma?

1. ....

....

Emma D.: Depuis des années!

Le journaliste: Est-ce que vous avez un réalisateur préféré avec qui vous aimez travailler?

2. ....

Emma D.: Oui, bien sûr! Je ne les compte plus.

Le journaliste: Comment est-ce que vous voyez votre rôle dans votre dernier film?

3. ....

Emma D.: C'est un personnage plein de sincérité.

Le journaliste: Est-ce que ce rôle a été difficile?

4. ....

Emma D.: Oui et non, comme toujours. En tout cas, j'ai beaucoup aimé ce personnage.

P. 284/ 24.3.3

2.3 L'Allemagne après la coupe du monde | Remplace les constructions soulignées par des constructions du français soutenu. Écris dans ton cahier.

LA COUPE DU MONDE DE FOOTBALL

L'Allemagne vient de vivre 30 jours de foot. Après 64 matchs et des centaines de milliers de visiteurs <u>qui sont venus</u> du monde entier, l'Allemagne <u>va garder</u> la trace de cet événement. Jana, 18 ans, a travaillé quatre fois par semaine pendant sept heures. Dans les rues de Berlin, elle répondait aux questions des supporters. Jana, <u>qui avait déjà beaucoup voyagé</u>, était heureuse d'accueillir le monde dans son propre pays: «Pendant mon travail, je n'ai rencontré que des gens sympathiques» raconte-t-elle. Pendant ces 30 jours, l'Allemagne a vécu dans une ambiance de fête grâce à la présence des supporters étrangers, mais aussi grâce à l'enthousiasme des Allemands, <u>qui sont d'habitude réservés</u>. Mais cette fois, ceux-ci se sont montrés passionnés. Beaucoup de gens espèrent que ce sentiment <u>ne va pas disparaître</u>. Dans l'euphorie de la coupe du monde, les Allemands ont même montré fièrement leur drapeau. Avant la coupe du monde, <u>on interprétait souvent mal les signes de patriotisme en Allemagne</u>. À partir de maintenant, cela <u>va peut-être changer</u>.

P. 284/ 24.3.3

2.4 Le Traité de l'Élysée | Complète. Remplace les infinitifs par des constructions du français soutenu.

Le 22 janvier 1963, le Général de Gaulle et le Chancelier Adenauer signent un traité de coopération .... (*destiner* – participe passé) à sceller[1] la réconciliation entre la France et la République Fédérale d'Allemagne.

Voici les objectifs[2] de ce traité dans le domaine de l'éducation.

Dans le domaine de l'éducation, l'effort .... (*porter* – futur simple) sur l'enseignement des langues. Les deux gouvernements .... (*s'efforcer* – futur simple) de faire en sorte que le nombre des élèves allemands ....

(*apprendre* – participe présent) le français et celui des élèves français ....

(*apprendre* – participe présent) l'allemand augmente.

Dans les universités, un enseignement pratique du français en Allemagne et de l'allemand en France .... (*organiser* – passif / futur simple) et il .... (*ouvrir* – passif / futur simple) à tous les étudiants.

Par ailleurs, des rencontres régulières .... (*avoir lieu* – futur simple) entre les autorités responsables des deux pays dans le domaine de la culture.

1 sceller besiegeln – 2 l'objectif *m.* das Ziel

3 Encore plus de textes

P. 284/ 24.3.3

3.1 Des lettres différentes | Complète les lettres suivantes avec les formules proposées dans le tableau. Attention au niveau de langue!

Formules d'appel	Formules de remerciement	Formules finales

– Salut Mathias,
– Cher Papa,
  chère Maman,
– Madame,
	– Tu m'as bien aidé. Merci!
	– Je tiens à vous remercier
	  pour votre soutien constant.
	– Merci encore pour votre aide.
		– Je vous embrasse.
		– À bientôt!
		– Je vous prie de croire, Madame, en l'ex
		  pression de mes meilleurs sentiments.

I

....

J'ai une bonne nouvelle. J'ai obtenu mon bac! Comme j'ai eu la mention bien, je vais pouvoir aller dans

l'école de commerce que j'ai choisie.

....

....

Sébastien

2
....

Je suis heureux de vous annoncer que j'ai réussi mon baccalauréat. Ayant obtenu la mention bien,

j'ai été accepté dans l'école de commerce de mon choix.

....

....

....

Sébastien Porte

3
....

C'est super! J'ai eu mon bac! Et j'ai la mention bien. C'est pour ça que j'ai eu l'école de commerce que

je voulais.

....

....

....

Seb

P. 284/ 24.3.3

3.2 Que dire dans quelle situation? | Regarde les dessins et coche les bonnes réponses. Justifie tes choix.

1
Monsieur, je ne pourrai pas venir le jour de l'examen de maths. ?

a) ☐ C'est dommage.
b) ☐ Je vous prie de bien vouloir m'excuser.
c) ☐ Mille excuses!

Justification: ....

....

....

2
Je suis contente de partir avec toi en vacances. ?

a) ☐ Je me réjouis à l'idée de nos veillées au coin du feu.
b) ☐ Je suis sûre que nous allons bien nous amuser toutes les deux.
c) ☐ Sûr qu'on va s'éclater.

Justification: ....

....

....

3

Je souhaiterais poser ma candidature dans votre hôtel. ?

a) ☐ Je kifferais travailler chez vous.
b) ☐ Je serais très heureuse si je pouvais y avoir un poste.
c) ☐ S'il vous plaît, donnez-moi un poste.

Justification: ....
....
....

4

On va ensemble au musée
cet après-midi?

?

a) ☐ Non, je n'en ai pas envie.
b) ☐ Oh! Non! Quelle prise de tête!
c) ☐ C'est avec regret que je suis dans l'obligation de
refuser.

Justification: ....
....
....

Évaluation

Nachdem du die Übungen bearbeitet hast, schätze dich ein.

1. Ich kann unterschiedliche Sprachniveaus des français standard, français familier und des français soutenu erkennen.
   ○ Ich kann es gut.
   ○ Ich kann es noch nicht sicher.

2. Ich kann typische Formen und Strukturen des français familier durch Formulierungen des français standard ersetzen.
   ○ Ich kann es gut.
   ○ Ich kann es noch nicht sicher.

3. Ich kann Formulierungen des français soutenu ins français standard übertragen.
   ○ Ich kann es gut.
   ○ Ich kann es noch nicht sicher.

4. Ich kann einen Text bearbeiten und durch Gebrauch von einigen Formulierungen des français soutenu stilistisch verbessern.
   ○ Ich kann es gut.
   ○ Ich kann es noch nicht sicher.

Arbeite in den Bereichen, in denen du dich noch nicht sicher fühlst, die entsprechenden Abschnitte in der *Französischen Grammatik* durch: → 📖 S. 282–285/24.3.

4. Grammatikstrukturen für bestimmte Textsorten
Structures grammaticales selon les textes

Teste tes connaissances.

Fais le test suivant et vérifie tes réponses p. 77.
Si tu as bien répondu, tu peux approfondir tes connaissances en faisant les exercices → ✓.
Si tu n'as pas bien répondu, consulte les explications dans ton livre de grammaire → 📖.
Fais ensuite les exercices → ✗.

Le résumé	Französische Grammatik 📖 p.285/24.4
	Exercices ✗ p.48/1.1
	✓ p.48/1.2, p.49/1.3, p.57/4.1

Voici trois résumés du roman de Colette «Le blé en herbe». | a) Coche le meilleur résumé.

1 Philippe et Vinca se sont connus dès leur enfance. Chaque année, ils se retrouvent en Bretagne. Vinca a les cheveux blonds et les yeux bleus. C'est une très jeune fille. Phil est brun et il a une moustache. Ils aiment aller à la pêche et se promener au bord de la mer. Ils passent tout leur temps ensemble. Leurs parents ne semblent pas exister. La seule adulte qui a de l'importance dans le roman est une dame qui séduit Philippe. Vinca sera jalouse. Philippe a 16 ans et Vinca a 15 ans. Phil a peur de passer son bac. Vinca n'ira bientôt plus à l'école pour pouvoir aider sa mère à la maison. Cet été est différent des autres. Phil et Vinca s'embrassent.

2 Philippe, 16 ans, et Vinca, 15 ans, sont amis depuis leur enfance. Ils passent leurs vacances d'été en famille en Bretagne où ils se retrouvent chaque année. Mais cet été-là, leur relation va changer: leur amitié se transforme peu à peu en amour. Phil et Vinca voudraient que l'été ne se termine jamais. Phil a peur des années à venir parce qu'il va devoir passer son bac, étudier et puis gagner sa vie. De son côté, Vinca accepte qu'elle n'ira bientôt plus à l'école pour pouvoir aider sa mère en attendant de se marier. Un jour, Philippe rencontre une femme beaucoup plus âgée qui le séduit. La nuit, il va la retrouver. Vinca comprend ce qui se passe. Après une scène terrible, Vinca et Phil se retrouvent seuls et deviennent amants le dernier jour des vacances.

3 C'est l'été. Aujourd'hui, Phil est allé à la pêche avec Vinca. C'est une de leurs activités préférées. Ensuite, ils sont rentrés déjeuner avec leurs parents. Ils aiment se promener au bord de la mer. Ils passent tout leur temps ensemble. Phil et Vinca parlent de leur avenir et ils sont inquiets. Ils voudraient que leurs vacances ne se terminent jamais. Un jour, Phil a rencontré une dame et cette dame l'a séduit. Il a décidé de la retrouver la nuit quand tout le monde dort à la maison. Vinca a été jalouse. Elle s'est fâchée contre Philippe. Mais comme elle est amoureuse de lui, une nuit, elle le retrouve dehors.

b) Justifie ton choix de a).

Le portrait physique et moral

Französische Grammatik p.286/24.5
Exercices ✗ p.51/2.1–2.2, p.52/2.3
✓ p.53/2.4, p.55/2.5

Acteurs et actrices français | Complète pour obtenir des phrases correctes et sensées. Utilise les adjectifs entre parenthèses. Attention à l'accord!

1. Dans le film «Le fabuleux destin d'Amélie Poulain», la .... actrice, Audrey Tautou, joue le rôle d'une femme .... qui fait des farces à tout le monde (*séduisant / original*).

2. Gérard Depardieu est un acteur .... et .... de lui. Il a une .... personnalité (*sûr / fort / extraordinaire*).

3. Humoriste et acteur, Omar Sy a toujours l'air .... Il est connu pour sa .... humeur (*bon / heureux*).

4. L'actrice Catherine Deneuve est une femme .... qui a une .... et .... carrière derrière elle (*long / impressionant / élégant*).

5. Sophie Marceau est une .... actrice .... qui est devenue .... avec le film «La boum» (*moderne / beau / célèbre*).

Le commentaire

Französische Grammatik p.288/24.6
Exercices ✗ p.56/3.1
✓ p.57/3.2

Le film «The Artist» | Coche les bonnes réponses.

1. ◯**Voilà** / ◯**D'abord** le film dont je voudrais parler. Il s'appelle «The Artist».

2. Je suis heureux que le film «The Artist» ◯**a eu** / ◯**ait eu** du succès.

3. ◯**D'un côté** / ◯**Bien que**, le film raconte l'histoire d'un acteur de cinéma muet qui n'a plus de succès.

4. On pourrait ◯**alors** / ◯**finalement** penser qu'il s'agit d'un film triste.

5. ◯**Heureusement** / ◯**De l'autre côté**, une histoire d'amour donne une note joyeuse au film.

6. C'est un film plein d'humour, ◯**voilà pourquoi** / ◯**parce qu'**il m'a plu.

Décrire et commenter une caricature / un schéma

Französische Grammatik 📙 p. 291/24.8
Exercices ✗ p. 59/5.1
✓ p. 61/5.2, p. 62/5.3

Un quiz | Coche les bonnes réponses.

1. Pour écrire le commentaire d'une caricature, il faut commencer par …
   ◯ la description.
   ◯ le commentaire.
2. Pour faire une description, il faut …
   ◯ juste décrire ce que tu vois.
   ◯ décrire et interpréter ce que tu vois.
3. Il faut utiliser des verbes …
   ◯ au présent.
   ◯ au passé.
4. Après les expressions de la valorisation (par exemple: *je trouve bien que* etc.), il faut le plus souvent …
   ◯ l'indicatif.
   ◯ le subjonctif.
5. À la fin du commentaire, tu dois donner ton avis sur la caricature?
   ◯ oui
   ◯ non

La narration

Französische Grammatik 📙 p. 293/24.9
Exercices ✗ p. 63/6.1, p. 64/6.2
✓ p. 65/6.3–6.4

Les techniques de la narration | Lis le texte à la page 47 et complète le tableau suivant.

Structures grammaticales	Exemples dans le texte
Phrases interrogatives	
Phrases exclamatives	
Phrases au style direct	
Les différents temps des verbes	
Un adverbe en tête de phrase	
Une proposition infinitive	
Une proposition avec un participe passé	
Un gérondif	
Connecteurs	
Les deux points pour relier deux parties de la phrase	

Maëlla se sent en forme aujourd'hui. Elle a gagné son premier salaire de serveuse dans un bar de la plage de Trouville. C'était un job d'été qui lui avait plu. Elle avait rencontré beaucoup de gens et s'était fait des amis dans le bar.

Aujourd'hui elle a décidé de se faire un petit cadeau: une nouvelle paire de chaussures à talons[1]. Mais quelques minutes après être sortie du magasin, elle s'est retrouvée sous la pluie. Elle a couru, a glissé et en tombant, a cassé le talon de sa chaussure droite.

«C'est bien ma chance!» dit-elle à haute voix. «Des nouvelles chaussures et elles sont déjà cassées! Et en plus je me suis fait mal aux genoux.»

Gentiment, un homme qui passait par là lui demande: «Je peux vous aider? Je suis cordonnier. Je pourrais réparer votre chaussure.»

Il parle avec une telle douceur qu'elle est contente d'accepter.

«Merci, c'est vraiment gentil de votre part!» répond-elle.

«Mon magasin est juste à côté d'ici. Allons-y!» dit-il.

Arrivé au magasin, il lui ouvre la porte pour la faire entrer. Puis, il répare sa chaussure. Elle le regarde travailler et le trouve très séduisant. Une demi-heure après, la chaussure est comme neuve. Ils ont eu le temps de faire connaissance. Elle est presque désolée de partir.

«J'ai encore d'autres chaussures à faire réparer, je vous les apporterai.» dit-elle. Maëlla est revenue le lendemain et le surlendemain et le jour suivant. Et devinez ce qui s'est passé?

1 le talon der (hohe) Absatz

Lettres et messages

Französische Grammatik 📖 p. 294/24.10
Exercices ✗ p. 66/7.1
✓ p. 67//7.2, p. 69/7.3

Voici des extraits de lettres. | Coche les bonnes formules finales.

1

Madame,
Je suis vraiment très heureuse que vous ayez accepté ma candidature. Je viendrai à l'entretien.

○ Veuillez agréer l'expression de mes sentiments les meilleurs.
○ Bien cordialement

2

Chère Amélie,
J'ai appris que tu as été malade. J'espère que tu vas mieux maintenant.

○ Bien cordialement
○ Grosses bises

3

Chère Madame,
Je vous remercie encore pour votre soutien cette année. C'est grâce à vous si j'ai réussi l'examen.

○ Je vous prie d'agréer, Madame, l'assurance de mes salutations distinguées.
○ Bien cordialement

Entraîne-toi.

1 Le résumé

P. 285/
24.4

1.1 «Cendrillon¹» | Remets les phrases dans l'ordre pour faire un résumé de ce conte célèbre.

A) Un oiseau lui envoie une robe d'argent et d'or et des pantoufles brodées de soie et d'argent. Personne au bal ne la reconnaît. Elle danse toute la soirée avec le prince. Mais à minuit, elle disparaît en laissant derrière elle l'une de ses pantoufles.

B) La belle-mère de Cendrillon a deux filles méchantes elles aussi. Toutes les trois font tout ce qu'elles peuvent pour rendre la vie difficile à Cendrillon.

C) Les deux sœurs de Cendrillon essaient de mettre la pantoufle, mais sans succès.

D) Elle doit travailler toute la journée et elle dort dans la cheminée au milieu des cendres, d'où le nom de Cendrillon.

E) Un jour, le roi donne une fête à laquelle il invite toutes les jolies filles du pays, afin que son fils puisse trouver une fiancée.

F) Cendrillon est l'histoire d'une jeune fille ayant perdu sa mère et dont le père se remarie avec une femme qui la fait souffrir.

G) Le prince décide alors de faire chercher la jeune fille dans tout le royaume. Il envoie ses soldats de maison en maison faire essayer la pantoufle.

H) Alors un soldat insiste pour que Cendrillon essaie aussi la pantoufle qui lui va très bien. On appelle le prince qui reconnaît immédiatement la jeune fille dont il était tombé amoureux au bal.

I) Bien que la belle-mère fasse tout pour empêcher Cendrillon de participer au bal, celle-ci réussit à y aller.

J) Le prince décide alors d'épouser Cendrillon. Ils sont heureux pour la vie.

I. F – 2. .... – 3. .... – 4. .... – 5. .... – 6. .... – 7. .... – 8. .... –
9. .... – 10. ....

1 Cendrillon Aschenputtel

P. 285/
24.4

1.2 «Le Petit Chaperon rouge¹» | a) Prépare le résumé de ce conte célèbre en répondant d'abord aux questions suivantes.

1. Qui sont les personnages? ....

2. Que font les personnages? ....

3. Où se passe l'action? ....

4. Pourquoi le Petit Chaperon rouge est-il en danger? ....

5. Comment le conte se termine-t-il? ....

1 Le Petit Chaperon rouge Rotkäppchen

b) Complète le résumé du conte. Utilise les connecteurs suivants.

heureusement   comme   lorsque   et   mais   pour

effectivement   pour cela

Le conte intitulé «Le Petit Chaperon rouge» raconte l'histoire d'une petite fille à qui sa mère demande d'apporter une galette et un petit pot de beurre à sa grand-mère malade.

...., la petite fille qu'on appelle «le Petit Chaperon rouge» doit traverser une forêt. Sa mère lui dit de ne pas quitter le chemin .... d'aller directement chez sa grand-mère. .... dans la forêt, le Petit Chaperon rouge rencontre le loup. Celui-ci veut savoir où elle va. La petite fille lui répond.

.... le loup veut arriver le premier chez la grand-mère pour la manger et prendre sa place, il demande au Petit Chaperon rouge de cueillir des fleurs pour sa grand-mère. Le loup arrive .... le premier. Il avale[1] la grand-mère et prend sa place dans son lit. .... le Petit Chaperon rouge arrive, le loup l'avale aussi.

...., un chasseur passe à côté de la maison, il entend le loup qui ronfle et entre dans la maison. Il tue le loup et lui ouvre le ventre .... délivrer la grand-mère et le Petit Chaperon rouge.

1 avaler = manger

P. 285/ 24.4

1.3 Lucie Aubrac (1) | Il y a 13 fautes dans le résumé suivant. a) Trouve-les et note-les dans le tableau de la page 50.

Dans un passage de sa livre «Ils partiront dans l'ivresse», Lucie Aubrac[1] raconter comment elle essayer de libérer son mari, Raymond Samuel.

D'abord Lucie parle de sa rencontre avec Klaus Barbie, qui chef de la Gestapo de Lyon est. Ils discuter dans son bureau. Après une premier tentative pour persuader Klaus Barbie que Raymond a des problème de santé, elle veut lui convaincre de libérer son mari.

Elle expliquer ensuite qu'ils veulent eux marier et qu'elle attend à un enfant. Donc elle pleure et la secrétaire allemand de Klaus Barbie la fait sortir du bureau de Klaus Barbie.

1 Lucie Aubrac (1912–2007) Résistante française pendant la Seconde Guerre mondiale. Elle épouse Raymond Aubrac en 1939.

Fehlerkategorien	Fehler	Berichtigung
Übereinstimmung Nomen-Begleiter		
Übereinstimmung Nomen-Adjektiv		
Form und Stellung des Adjektivs		
Übereinstimmung Subjekt-Verb		
Direkte/Indirekte Verbergänzung		
Reflexivpronomen		
Angleichung des Partizips nach être und avoir		
Connecteurs		
Stellung des Verbs (Hauptsatz, Relativsatz)		
Zeitenfolge in der indirekten Rede		

b) Corrige les fautes de a) dans le tableau.

2 Le portrait physique et moral

P. 286/ 24.5

2.1 Petite annonce | Lis l'annonce et rédige le portrait du garçon. Fais des phrases entières. Attention à l'accord et à la place des adjectifs!

C'est le début qui m'a donné le plus de mal. J'ai d'abord essayé: «JEUNE GARÇON, GRAND, MINCE, TRÈS BEAUX YEUX TURQUOISE, LONGS CHEVEUX BLONDS BOUCLÉS, TRAITS RÉGULIERS, ÉLÈVE BRILLANT DANS TOUTES LES MATIÈRES, PREMIER PRIX DE PIANO ET DE BANJO, SPORTIF DE HAUT NIVEAU, EXCELLENTE ÉDUCATION, CHAR-MANT, MODESTE, DISTINGUÉ ...»

Mais c'était un peu long.
Ensuite, j'ai essayé: «YX BL., BLD, EXC. ÉTDS, SPTF, NBR. QUAL ...»

Mais ce n'était pas très clair.
Alors, j'ai essayé: «JEUNE GARÇON PARFAITEMENT PARFAIT ...»

Mais c'était trop sec.
Finalement, j'ai trouvé la bonne formulation: «JEUNE GARÇON, BEAU, INTELLIGENT, DOUÉ, SPORTIF, AIMABLE, VEND SKATEBOARD BON ÉTAT. TÉL. 89 24 96 57, HEURES DE REPAS.»

(Nouvelles histoires pressées,
Bernard Friot / Éditions Milan, 2007)

P. 286/ 24.5

2.2 Le commissaire B. | a) Lis le portrait suivant. Note les éléments utilisés pour la description du personnage dans le tableau.

Le commissaire B. se trouvait assis à son bureau, les deux mains dans les poches. Il ne bougeait pas, et regardait dans le vide. Et pourtant, il travaillait – ou plus exactement, il réfléchissait. Ce silence contrastait avec le bruit habituel des conversations. Sa grosse voix impressionnait toujours ses interlocuteurs. En plus, il avait une autorité presque naturelle. Voilà pourquoi, on le respectait.
Sa barbe de trois jours lui donnait un air négligé, mais il était quand même bien habillé.

15

Il portait toujours des chemises claires, une cravate et un pantalon sombre pour aller travailler. Contrairement à ses collègues, il n'aimait pas les jeans, et il n'en portait donc jamais.
Le commissaire B. était satisfait de sa vie. Malgré les difficultés de son métier, il aimait travailler comme commissaire. Quand il arrêtait un coupable, il avait alors l'impression de contribuer à rendre le monde plus sûr et plus heureux.

16

portrait physique	....
portrait moral	....

b) Quels connecteurs ont été utilisés pour caractériser le personnage? Note-les et explique leur emploi.

Exemple: *Et pourtant* → *widersprechen*

P. 286/
24.5

2.3 Margueritte et Germain | a) Quelle description pour quel personnage? Complète le tableau avec les mots suivants. Pense à l'accord de l'adjectif!

un homme · une femme · mince

vieux · petit · grand · distingué

sympa · sensible · doux · brutal

gros · cheveux (blanc/blond) · jeune

gentil · élégant · négligé

chemise à carreaux · robe à fleurs

Margueritte
une femme aux cheveux blancs

Germain

b) À l'aide du tableau de a), rédige un texte pour décrire l'aspect physique et le comportement des deux personnages sur l'affiche.

P. 286/ 24.5

2.4 «La Mère Sauvage» de Maupassant | a) Lis le texte suivant et complète le tableau ci-dessous.

La Mère Sauvage

Un jour, les Prussiens arrivèrent. On les distribua aux habitants, selon la fortune[1] et les ressources de chacun. La vieille[2], qu'on savait riche, en eut quatre.

C'étaient quatre gros garçons à la chair blanche, à la barbe blonde, aux yeux bleus (…) Seuls chez cette femme âgée, ils se montrèrent pleins de prévenance[3] pour elle (…).

On les voyait tous les quatre faire leur toilette autour du puits[4], le matin, en manches de chemise, mouillant[5] (…) leur chair blanche et rose d'hommes du Nord, tandis que la mère Sauvage allait et venait, préparant la soupe.

Puis on les voyait nettoyer la cuisine, frotter les carreaux, casser du bois, éplucher les pommes de terre, laver le linge, accomplir toutes les besognes[6] de la maison, comme quatre bons fils autour de leur mère.

Mais elle pensait sans cesse au sien, la vieille, à son grand maigre au nez crochu[7], aux yeux bruns, à la forte moustache qui faisait sur sa lèvre un bourrelet de poils[8] noirs. Elle demandait chaque jour, à chacun des soldats installés à son foyer: «Savez-vous où est parti le régiment français, vingt-troisième de marche? Mon garçon est dedans. (…)»

Et, comprenant sa peine et ses inquiétudes, eux qui avaient des mères là-bas, ils lui rendaient mille petits soins. Elle les aimait bien, d'ailleurs, ses quatre ennemis; car les paysans n'ont guère les haines patriotiques; cela n'appartient qu'aux classes supérieures. (…)

On disait dans le pays, en parlant des Allemands de la mère Sauvage: «En v'là quatre qu'ont trouvé leur gîte[9]»

(Maupassant: La mère sauvage: http://maupassant.free.fr/textes/sauvage.html)

1 la fortune das Vermögen – 2 la vieille *ici* = la Mère Sauvage – 3 la prévenance die Zuvorkommenheit – 4 le puits der Brunnen – 5 mouiller nass machen – 6 la besogne = le travail – 7 le nez crochu die Hakennase – 8 le bourrelet de poils der Büschel (Wulst) von Haaren – 9 le gîte = la maison

L'aspect physique des personnages
Les quatre Prussiens: ....
Le fils de la Mère Sauvage: ....
La Mère Sauvage: ....

Les activités et le comportement des personnages
Les quatre Prussiens: ....
Le fils de la Mère Sauvage: ....
La Mère Sauvage: ....
La structure globale du texte (les différentes parties)
1. ....
2. ....
3. ....
4. ....

b) À l'aide des informations de a), rédige le portrait physique et moral des quatre Prussiens.

....

....

....

....

....

....

....

....

....

....

....

P. 286/
24.5

2.5 Lucie Aubrac (2) | Il y a onze fautes dans le portrait suivant. Trouve-les et note-les dans le tableau.

Lucie Aubrac[1] est une résistante français comme sa mari (…) qui se fait appeler Raymond Samuel.

Lucie est une courageux femme qui risquer sa vie pour sauver Raymond. En effet, elle n'a pas peur de Klaus Barbie, le chef de la Gestapo de Lyon. Quand Klaus Barbie la pose des questions sur sa relation avec Raymond, Lucie parle calme. Mais quand Klaus Barbie la montre le portefeuille de Raymond, Lucie perd son calme et elle pleurer. Finalement, on peux dire que Lucie Aubrac est fort, mais elle est aussi une sensible personne.

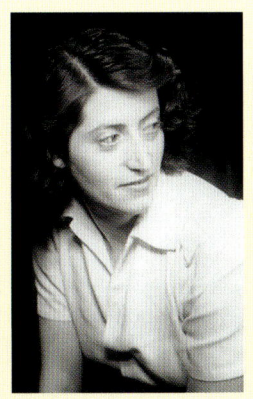

1 Lucie Aubrac (1912–2007) Résistante française pendant la Seconde Guerre mondiale. Elle épouse Raymond Aubrac en 1939.

Fehlerkategorien	Fehler	Berichtigung
Übereinstimmung Nomen-Begleiter		
Übereinstimmung Nomen-Adjektiv		
Form und Stellung des Adjektivs		
Übereinstimmung Subjekt-Verb		
Direkte/Indirekte Verbergänzung		
Adjektiv/Adverb		

b) Corrige les fautes de a) dans le tableau.

3 Le commentaire

P. 288/
24.6

3.1 Des commentaires sur le film «Intouchables» | a) Complète avec les connecteurs suivants.

ensuite   d'abord   en tout cas   d'ailleurs   mais   surtout

---

Intouchables

Des bons acteurs et quelques bons moments!

.... deux grosses réserves[1]: ...., je n'ai pas

beaucoup rigolé. ...., je n'ai pas été très ému, et ....

..............................., j'ai trouvé le film parfois assez démagogique.

..............................., cela montre qu'il est difficile de faire un très bon film quand

on veut faire à la fois du sociologique, du drame et de l'humour.

..............................., j'ai préféré le film «Nos jours heureux» des mêmes réalisa-

teurs, peut-être plus léger et moins ambitieux[2].

---

1 la réserve der Einwand – 2 ambitieux/-euse *adj.* ehrgeizig

b) Complète avec les expressions suivantes. Attention au mode des verbes!

je pense que/qu'   je ne trouve pas que/qu'   je ne crois pas

cela me semble   à mon avis

Intouchables

..............................., la mise en scène[1] est facile et les dialogues sont ordinaires.

.... le film est fondé sur des clichés sociologiques et psycholo-

giques. .... il y ait des moments d'émotion et d'humour. On veut

faire croire que riche ou pauvre, noir ou blanc, handicapé physique ou handicapé social,

on peut vivre ensemble si on est tolérant. .... vraiment irréaliste.

C'est une sorte de conte de Noël auquel ....

---

1 la mise en scène die Inszenierung – 2 la crédibilité die Glaubwürdigkeit – 3 handicapé/e *adj.* behindert

3.2 Voilà pourquoi j'aime! | Écris un commentaire en français sur un livre, un film ou une chanson que tu aimes particulièrement. Explique ce qui te plaît le plus. Écris dans ton cahier.

P.288/
24.6

> *Écris au présent.*
>
> *Rédige au moins 15 phrases.*
>
> *Attention au choix des connecteurs!*
>
> *Utilise des expressions de la pensée et de la valorisation.*
>
> *Décris les personnages (leurs caractères, leurs relations),*
> *l'histoire, le contexte.*
>
> *Fais une introduction et une conclusion courtes.*

4 La quatrième de couverture

P.289/
24.7

4.1 «Maboul à Zéro» de Jean-Paul Nozière | Résumé ou quatrième de couverture? Lis les deux textes suivants et complète le tableau de la page 58.

A

Aïcha, 14 ans, et son frère aîné Mouloud, 18 ans, habitent avec leurs parents Zohra et Karim dans une loge de gardienne au collège de Sponge. À cause d'une épilepsie pourtant guérie, Aïcha préfère travailler par correspondance, et va passer son bac à l'âge de 14 ans.

Aïcha s'occupe aussi de son frère Mouloud, qui a perdu la raison. Elle surveille le courrier et les conversations téléphoniques du collège pour y découvrir le racisme quotidien parmi les habitants de Sponge.

Aïcha demande à sa mère de raconter son histoire. On apprend peu à peu pourquoi Zohra a quitté l'Algérie et les raisons de la folie de Mouloud. En parallèle, l'élection présidentielle de 2002 se déroule, avec Le Pen au second tour. Les relations avec les Spongeois deviennent alors de plus en plus difficiles pour la famille d'Aïcha.

B

Aïcha Djemaï n'est pas une adolescente comme les autres. À seulement 14 ans, elle passe son bac, pour la plus grande fierté de sa mère Zohra. Mais surtout elle s'occupe de «Maboul à zéro», son frère aîné. Car Mouloud a perdu la tête, et sa maladie est difficile à supporter. À la veille de l'élection présidentielle, la famille Djemaï commence à déranger dans la petite ville de Sponge. Mai 2002, c'est le choc avec l'arrivée de Le Pen au second tour. S'expriment alors la colère du père, Karim, le désespoir de Zohra et la douleur d'Aïcha. Pour comprendre ces souffrances et pour essayer de sauver son frère de la folie, Aïcha convainc sa mère de lui raconter son passé en Algérie. Une histoire bouleversante …

57

Traits caractéristiques	
Texte A:	Texte B: ....
....	....
....	....
....	....
....	....
....	....
....	....
....	....

P. 289/ 24.7

4.2 «Baby-sitter blues» de Marie-Aude Murail | Reconstitue la quatrième de couverture.

A
Un père, d'ailleurs, il ne sait pas ce que c'est.

B
Émilien déteste les enfants qui pleurent.

C
À 14 ans, il vit seul avec sa mère depuis toujours.

D
Il s'est juré de ne jamais devenir père.

E
À 15 euros de l'heure, il pourra bientôt acheter l'ordinateur de ses rêves!

F
Mais voilà, à force de se faire passer pour un as du baby-sitting et de lire «Comprendre et aimer son enfant», Émilien se prend au jeu[1].

G
Hélas, c'est au moment où il prend vraiment goût au baby-sitting que sa mère l'empêche de continuer. Mais Émilien trouve un compromis: donner des cours de français à une dyslexique. Lui qui cherchait à mieux connaître le cœur humain, il va être servi …

H
Et il s'intéresse si bien au petit Anthony, six mois, le bébé qui ne sourit jamais, qu'il finit par s'y attacher.

I
Alors, pourquoi jouer les baby-sitters?

J
Pour gagner de l'argent, bien sûr!

1. *B* – 2. .... – 3. .... – 4. .... – 5. .... – 6. .... – 7. .... – 8. .... – 9. .... – 10. ....

1 se prendre au jeu gefallen an einer Sache finden

4.3 **«Le Hollandais sans peine» de Marie-Aude Murail** | a) Lis la quatrième de couverture suivante qui a été rédigée par un élève.

P. 289 / 24.7

> Le livre est très intéressant. Il parle d'un garçon, Jean-Charles, dont le père veut qu'il travaille beaucoup pour l'école avec des cahiers de vacances. Le garcon n'aime pas du tout cette activité. Un jour, le père décide d'aller en Allemagne avec sa famille pour que Jean-Charles parle allemand. Au camping, Jean-Charles devient l'ami d'un garcon qui s'appelle Niclausse. Niclausse ne parle pas français. Un jour, ils sont assis dans l'herbe et essaient de se comprendre. Tout à coup, Jean-Charles trouve stupide d'appeler «fleur» une fleur. Alors il dit: «Chprout» et Niclausse répète. C'est ainsi que naît une langue que Jean-Charles appelle le hollandais, mais qui est beaucoup plus drôle à apprendre que le vrai hollandais. **(Max, 15 ans)**

b) Réécris cette quatrième de couverture.

> *Essaie de susciter l'intérêt du lecteur au début.*

> *Énumère des phrases avec les mots-clés qui décrivent les faits importants sans tout raconter.*

> *Rédige une question rhétorique et une dernière phrase qui donne une valorisation courte du livre présenté.*

....
....
....
....
....
....
....
....
....
....
....

5 Décrire et commenter une caricature / un schéma

P. 291 / 24.8

5.1 **Le jouet** | a) Regarde les caricatures suivantes et réponds aux questions.

1. Quel est le thème des deux caricatures? ....

....

2. Quel est le moyen utilisé? ....

....

3. Quel/s sentiment/s provoquent ces caricatures sur le lecteur? ....

....

4. Est-ce que le dessinateur a réussi à faire passer son message? Justifie ta réponse. ....

....

b) Regarde les caricatures de a) et retrouve l'ordre du texte.

A

Il y a en effet environ 168 millions d'enfants âgés de 5 à 14 ans qui travaillent dans le monde. Dans certains cas, les enfants sont obligés de travailler pour apporter une aide financière à leurs parents. Mais on sait aussi que certaines entreprises occidentales ont été dénoncées pour avoir fait travailler des enfants. Lorsque nous achetons un objet, nous devons nous assurer si possible que celui-ci n'a pas été produit par des enfants.

B

Dans ces deux caricatures, on voit deux images en parallèle. Dans la première, c'est Noël. Les parents offrent à leur fils le jeu du «Petit Bricoleur». Le fils, bien habillé, sourit. Il est content de son cadeau. Il va pouvoir jouer avec le marteau et les autres outils.

C

Nous devons avoir un comportement d'acheteur responsable pour ne pas encourager l'exploitation des enfants. Tous les enfants devraient avoir le droit de vivre une vie normale, d'aller à l'école et de jouer.

D

Ces caricatures attirent l'attention sur les différences entre la vie privilégiée des enfants des pays riches et la vie difficile des enfants des pays pauvres. Ils critiquent le fait que dans certains pays du monde, les enfants soient forcés de travailler.

E

Dans la deuxième image, un homme en colère donne un marteau à un enfant pauvre qui est presque nu et qui a l'air triste. L'homme lui fait signe de rejoindre les autres enfants marchant vers l'usine, les uns derrière les autres, pour aller travailler.

1. B – 2. .... – 3. .... – 4. .... – 5. ....

c) **Dans les phrases suivantes, remplace la proposition relative par un participe présent.**

Exemple: L'homme lui fait signe de rejoindre les autres enfants qui marchent vers l'usine les uns derrière les autres. → *L'homme lui fait signe de rejoindre les autres enfants marchant vers l'usine les uns derrière les autres.*

1. Environ dix millions et demi d'enfants dans le monde qui travaillent comme employés de maison chez des particuliers vivent dans des conditions dangereuses.

   ....

2. Le travail des enfants qui est pratiqué dans des lieux fermés reste très difficile à combattre.

   ....

3. Il s'agit d'une situation fréquente pour les enfants qui travaillent comme domestiques, parfois loin de leur famille et de leur communauté.

   ....

4. Ces enfants qui vivent souvent éloignés de leur famille deviennent dépendants de leur employeur.

   ....

5. Ces enfants qui ne vont pas à l'école n'ont pas de temps pour jouer. On les prive de leur enfance.

   ....

P. 17/1.5.1,
.83–86/4.4

5.2 Le travail des enfants par région | Regarde les statistiques et complète le commentaire. Utilise le comparatif (+ / −) ou le superlatif (++ / −−) de l'adjectif et l'équivalent français du quantifiant entre parenthèses.

Travail des enfants par région, groupe d'âge des 5–17 ans, 2012

(a) Nombre d'enfants dans le travail des enfants par région, groupe d'âge des 5–17 ans, 2012

Moyen-Orient et Afrique du Nord	9 244
Amérique latine et Caraïbes	12 505
Afrique subsaharienne	59 031
Asie-Pacifique	77 723

en milliers

(b) Pourcentage d'enfants dans le travail des enfants par région, groupe d'âge des 5–17 ans, 2012

Région	Pourcentage
Moyen-Orient et Afrique du Nord	8,4
Amérique latine et Caraïbes	8,8
Afrique subsaharienne	21,4
Asie-Pacifique	9,3

pourcentage

http://www.ilo.org/ipec/Informationresources/WCMS_221515/lang--fr/index.htm

.... (++ / *grand* / *le nombre*) d'enfants qui travaillent se trouve dans la région Asie-Pacifique (environ 78 millions).

Mais l'Afrique subsaharienne (59 millions) est la région où la proportion du travail des enfants par rapport à la population est .... (++ / *fort*), à plus de 21 %.

Il y a .... (*weniger*) enfants qui travaillent au Moyen-Orient et en Afrique du Nord (environ 9 millions) qu'en Amérique latine et que dans les Caraïbes (environ 12 millions).

Il y a .... (*mehr*) enfants qui travaillent dans la région Asie-Pacifique (environ 78 millions) qu'en Afrique subsaharienne (59 millions).

P. 17/
1.5.1

5.3 Le travail des enfants par âge | Regarde les statistiques sur le travail des enfants et complète le commentaire. Utilise les quantifiants qui conviennent.

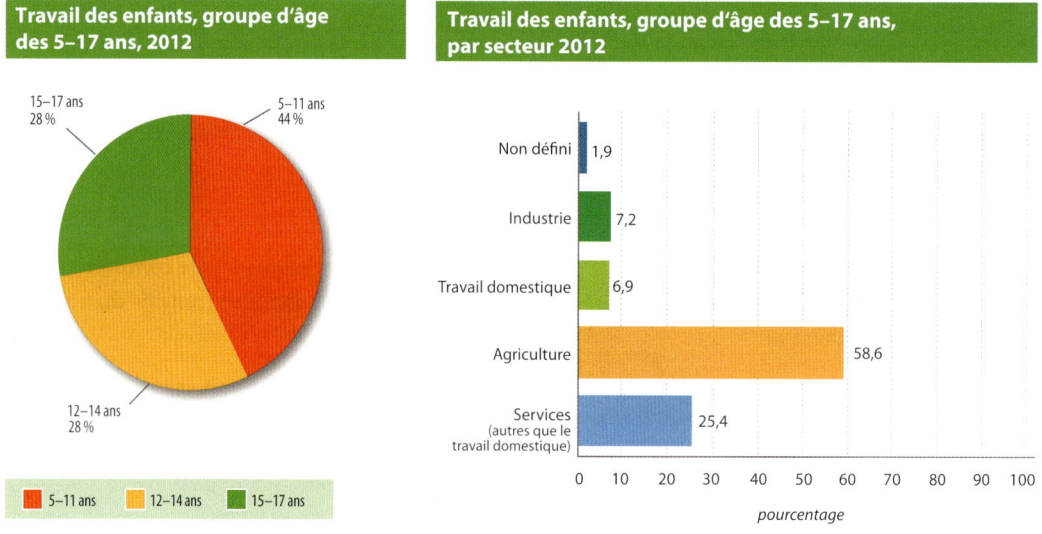

http://www.ilo.org/ipec/Informationresources/WCMS_221515/lang--fr/index.htm

Voici des statistiques sur le travail des enfants.

Près de *la moitié des* enfants qui travaillent est âgée de 5 à 11 ans seulement. D'autre part, environ

.... enfants qui travaillent a entre 12 et 14 ans et un autre

.... a entre 15 et 17 ans.

58,6 .... enfants travaillent dans l'agriculture. On peut

dire qu'il s'agit de .... enfants.

Par ailleurs, ... enfants travaille dans les services

(c'est-à-dire: les hôtels, les restaurants, le commerce et la réparation de voitures). Pour conclure, on

peut dire qu'.. enfants est employée dans l'industrie ou

le travail domestique.

6 La narration

P. 293/
24.9
6.1 Le récit de Karen | Karen a écrit à son amie Greta pour lui parler de ses vacances. a) Complète ce récit. Conjugue les verbes entre parenthèses à l'imparfait, au passé composé et au plus-que-parfait.

Cet été, je .... (*partir*) en vacances pour la

première fois avec mes amies. Avant les examens, mes parents ....

.... (*dire*) que si j'

(*obtenir*) le bac, je pourrais partir avec mes copines. Nous ....

.... (*être*) six et nous ....

(*décider*) d'aller dans le sud de la France.

Une semaine avant notre départ, nous ....

(*louer*) un appartement avec deux chambres et il y ....

.... (*avoir*) un canapé-lit dans le salon. Mais quand nous

.... (*arriver*), nous ....

.... (*être*) un peu déçues. En effet, notre appartement

.... (*se trouver*) sous le toit et donc, il y

.... (*faire*) très chaud.

D'abord, nous .... (*s'installer*), et après cela,

nous .... (*partir*) tout de suite à la plage car

nous .... (*être*) impatientes de nous baigner.

Mais nouvelle déception: il y .... (*avoir*) des

méduses[1]!

Nous .... (*décider*) de chercher une autre plage.

Mais deux de mes copines .... (*préférer*) les

plages de sable et les autres .... (*vouloir*) aller

nager près des rochers. Difficile de nous mettre toutes d'accord!

1 la méduse die Qualle

b) Continue le récit au présent historique.

Finalement, quelqu'un nous .... (recommander) de prendre le chemin

au bord de la plage. Nous le .... (suivre) pendant une heure et nous

.... (arriver) à une plage merveilleuse où l'eau ....

(être) bleu turquoise. Sans méduses! Nous .... (décider) de nous y

baigner tous les jours.

P. 293/ **6.2   Une rencontre à la plage** | Souligne dans ce récit les phrases interrogatives en rouge et les
24.9   phrases exclamatives en bleu. Encadre les phrases au style direct.

Dimanche dernier, je suis allée seule à une plage tout au bout de la côte. Personne n'avait envie de me suivre car c'était au moins à deux heures de marche! Le chemin vers la fin était assez difficile. Il fallait descendre des marches mal taillées[1] dans la roche. Comme ces marches étaient raides! Un jeune homme s'est approché de moi.

«Je peux vous aider?» a-t-il demandé. J'étais contente de pouvoir m'appuyer sur quelqu'un. Une fois en bas, je l'ai remercié et nous sommes allés nager chacun de notre côté. J'avais pris mon masque pour mieux voir les poissons.

Comme ils étaient beaux! Il y en avait de toutes les couleurs: des rouges, des jaunes et bleu vif, des argentés. Cela valait vraiment la peine d'avoir fait tout ce chemin!

15

Est-ce que la prochaine fois, mes amies viendraient avec moi? Je suis sortie de l'eau, me suis à peine séchée tant le soleil était chaud, et j'ai ramassé mes affaires: mon sac, mes vêtements, mon chapeau. Il fallait remonter cette pente. Courageusement, j'ai commencé à grimper, et finalement un peu essoufflée, je suis arrivée en haut des marches.

«Eh, vous avez oublié quelque chose!» a crié le jeune homme qui m'avait aidée.
«Quoi donc?» ai-je demandé.
«Votre masque.» a-t-il répondu.
«Vous voulez que je vous l'apporte?»
«Oh oui! Si ça ne vous ennuie pas. Ce serait tellement gentil!»

Et c'est ainsi que j'ai fait connaissance de Pierre qui est devenu l'un de mes meilleurs amis.

16

1 taillé/e *adj. hier:* geschnitten

64

P. 293/ 24.9

6.3 Ma fête d'anniversaire | Complète le récit. Utilise les connecteurs suivants.

donc   comme   car   soudain   vraiment   mais tout à coup

finalement   en fait

.... c'était mon anniversaire, je voulais inviter Pierre et d'autres amis à une petite

fête chez moi.

Pierre m'a dit qu'il n'était pas libre .... il était déjà invité à une soirée. Il proposait

de m'y emmener. Je me suis dit que ça pourrait être amusant.

J'ai .... retrouvé Pierre à 19 heures. «Nous sommes un peu en avance.» m'a-t-il dit.

«Allons prendre un verre à l'Hôtel de la mer. La vue est magnifique!» Nous étions bien, assis sur un

canapé en plein soleil, et nous parlions des pays où nous aimerions partir en voyage.

...., Pierre a regardé sa montre: 20 heures déjà! Il s'est levé et m'a dit:

«..., je suis fatigué. Je vais te raccompagner chez toi.» J'étais très déçue.

«Ah bon, on ne va pas à cette soirée?»

«Non, ..., je ne me sens pas bien. Je te raccompagne chez toi.» Quelle tristesse!

Lorsque nous sommes arrivés chez moi, l'appartement était vide. J'avais les larmes aux yeux,

.... mes amis et ceux de Pierre qui s'étaient cachés sur le balcon sont sortis

en criant: «Joyeux anniversaire!»

..........................., ils avaient tout organisé pour moi, et Pierre avait été chargé de m'emmener

ailleurs pendant qu'ils préparaient la fête. Quelle belle surprise!

P. 293/ 24.9

6.4 Pauline en vacances | Complète le récit de Pauline. Utilise l'infinitif présent ou passé, le participe présent ou passé ou le gérondif.

Le premier jour des vacances, je suis sortie pour faire des courses après *avoir pris* le petit

déjeuner. ....(*descendre*) l'escalier, j'ai vu que j'avais oublié mon porte-

monnaie.

Pour le dernier jour des vacances, j'ai décidé de faire un pique-nique avec Thibault et ses amis

afin de ....(*passer*) toute la journée sur la plage. Chacun d'entre nous

.....................................(*préparer*) quelque chose, nous avions un pique-nique très varié.

Après ....(*réussir*) à convaincre mes amis d'aller sur la plage près du

rocher, je suis partie en tête pour montrer le chemin. Mais je ne leur avais pas dit que la dernière

partie était très difficile. ....(*arriver*) en haut des marches abruptes,

Julie a paniqué. «Mais je ne vais jamais pouvoir descendre cela!» a-t-elle crié.

«Mais si, nous allons t'aider.» a répondu Thibault. Nous sommes descendus tant bien que mal,

.... (*avancer*) parfois sur les fesses. Quelques minutes plus tard, nous étions

tous sains et saufs sur la plage. Après .... (*poser*) nos sacs sur un rocher, nous

sommes allés nager sans .... (*faire*) attention à nos affaires.

Mais une fois .... (*revenir*) sur le sable, nous avons vu que les mouettes

avaient volé la moitié de notre pique-nique! Nous nous sommes approchés ....

(*faire*) des grands gestes pour les .... (*faire*) partir. Mais c'était trop tard!

7 Lettres et messages

P. 294/ 24.10

7.1 Quelle adresse? | a) Regarde ces enveloppes. Une seule porte une adresse correcte. Laquelle?

b) Indique ce qui n'est pas correct sur les autres enveloppes.

....

....

....

....

....

....

c) Écris l'adresse de Monsieur et Madame LOISEAU sur l'enveloppe.

Monsieur et Madame LOISEAU habitent en France, à Cabourg dans l'avenue de la Mer au n° 74.
Le code postal est 14390.
Comme tu écris d'Allemagne, tu indiques le nom du pays.

P. 294/
24.10

7.2 Une annonce | a) Lis cette petite annonce.

Contact: OFAJ	**Téléphone:** **E-mail:** **Département de l'emploi:** 83
Type de centre:	Hôtel Bellevue – animation pour les 3–6 ans et 7–10 ans
Période:	du 2 au 29 août
Contrat:	Salaire: 30 euros net par jour. Nourri-logé. Un jour de congé par semaine.

Bonjour à toutes et à tous!

Nous recherchons des animateurs bilingues français-allemand pour s'occuper des enfants de 3 à 10 ans du mini-club de l'Hôtel Bellevue à Saint-Raphaël.
Cet hôtel reçoit beaucoup de touristes allemands, d'où la nécessité de parler allemand couramment avec les enfants.
Les animateurs s'occupent des enfants lorsque les parents partent en excursion. Ils organisent des jeux, surveillent les enfants dans la piscine, et ils font des spectacles avec eux chaque soir avec des chansons en allemand et en français.

Si cette annonce vous intéresse, envoyez-nous CV + lettre de motivation (une petite photo est la bienvenue).

Nous vous contacterons par mail pour commencer.

b) Coche les bonnes réponses pour composer ta lettre.

Stefanie Perlmann
Bachweg 21
97074 Würzburg
Deutschland

Würzburg, le 2 mai 2014

Hôtel Bellevue
BP 28
83000 Saint-Raphaël
France

Objet: candidature animatrice

○ Madame, Monsieur,
○ Monsieur, Madame,

○ Après avoir vu votre annonce sur le site de l'OFAJ, je souhaiterais poser ma candidature pour le poste d'animatrice pour le mini-club de votre hôtel à Saint-Raphaël. Je suis bilingue en allemand et en français.
○ J'ai vu votre annonce sur le site de l'OFAJ. Je suis la personne que vous cherchez pour le mini-club de votre hôtel à Saint-Raphaël. Je parle allemand et français.

○ Moi, ce sont les enfants de 3–6 ans qui m'intéressent. J'aime bien les enfants de cet âge-là. Je suis super en équipe. J'ai 19 ans et je fais du baby-sitting tous les samedis. J'ai des tas d'idées de jeux et de spectacles pour les gamins de cet âge.
○ J'aimerais bien m'occuper si possible d'enfants âgés de trois à six ans. J'aime bien les enfants de cet âge-là. Je pense avoir un bon esprit d'équipe. J'ai 19 ans et j'ai déjà de l'expérience car je garde des enfants de quatre à six ans tous les samedis. J'ai beaucoup d'idées de jeux et de spectacles pour cette tranche d'âge.

○ Je serai disponible du 2/08 au 29/08 mais je pourrais venir avant si nécessaire.
○ J'avais prévu quelque chose au mois d'août mais je vais m'arranger pour venir du 2/08 au 29/08.

○ J'espère bien que c'est moi que vous allez choisir. Meilleures salutations!
○ Dans l'espoir d'une réponse positive, je vous prie de croire Madame, Monsieur, en l'expression de mes meilleurs sentiments.

○ Stefanie
○ Stefanie Perlmann

P. 294/
24.10

7.3 Le message de Mara | a) Mara a fait 17 erreurs dans son message. Trouve-les et note-les dans le tableau.

> Bonsoir à vous!
>
> Je me présente, je m'appelle Mara, j'ai 19 ans et je vit en Allemagne, dans une ville petite près de Bonn.
>
> J'ai obtenue mon Abitur (c'est le bac allemand). Malheureux, je n'ai pas choisi du français au collège.
>
> Du coup, je suis un peu perdue. J'ai faire la connaissance de un garçon, vivant à Dijon. Nous nous sommes rencontré pendant les vacances d'été en Espagne.
>
> Nous sommes très amoureuses. Je venir chez le en octobre. Si j'apprendrais le français, je pourrais communiquer avec ses parents qui sont très sympathique.
>
> Pour le moment, nous parlons en anglais lui et moi, cela ne nous pose aucune problème, parce que nous sommes bilingue. J'ai commencée à vraiment aimer le français grâce à lui! ♥
>
> J'ai l'air d'une gamine, je suis désolé.
>
> À bientôt!
>
> Mara

Fehlerkategorien	Fehler	Berichtigung
Übereinstimmung Nomen-Begleiter		
Übereinstimmung Nomen-Adjektiv		
Form und Stellung des Adjektivs		
Übereinstimmung Subjekt-Verb		
Direkte/Indirekte Verbergänzung		
Adjektiv/Adverb		
Angleichung des Partizips nach être und avoir		
Verbundene/Unverbundene Pronomen		
Verbformen in Si-Sätzen		
Apostrophierung		

b) Corrige les fautes de a) dans le tableau.

Évaluation

Nachdem du die Übungen bearbeitet hast, schätze dich selbst ein.

1. Ich kann ein Resümee schreiben.
   ◯ Ich kann es gut.
   ◯ Ich kann es noch nicht sicher.

2. Ich kann eine Charakteristik verfassen.
   ◯ Ich kann es gut.
   ◯ Ich kann es noch nicht sicher.

3. Ich kann einen Kommentar schreiben.
   ◯ Ich kann es gut.
   ◯ Ich kann es noch nicht sicher.

4. Ich kann einen Klappentext verfassen.
   ◯ Ich kann es gut.
   ◯ Ich kann es noch nicht sicher.

5. Ich kann eine Karikatur beschreiben und kommentieren.
   ◯ Ich kann es gut.
   ◯ Ich kann es noch nicht sicher.

6. Ich kann eine Grafik/Statistiken kommentieren.
   ◯ Ich kann es gut.
   ◯ Ich kann es noch nicht sicher.

7. Ich kann eine Erzählung schreiben.
   ◯ Ich kann es gut.
   ◯ Ich kann es noch nicht sicher.

8. Ich kann Briefe verfassen.
   ◯ Ich kann es gut.
   ◯ Ich kann es noch nicht sicher.

9. Ich kann Texte korrigieren und mit einer Fehlerliste umgehen.
   ◯ Ich kann es gut.
   ◯ Ich kann es noch nicht sicher.

Arbeite in den Bereichen, in denen du dich noch nicht sicher fühlst, die entsprechenden Abschnitte in der *Französischen Grammatik* durch:
→ 📖 S. 285/24.4
→ 📖 S. 286/24.5
→ 📖 S. 288/24.6
→ 📖 S. 289/24.7
→ 📖 S. 291/24.8
→ 📖 S. 293/24.9
→ 📖 S. 294/24.10

Anhang
Annexe

Im Anhang findest du folgende Abschnitte:
1. Grammatische Begriffe
2. Teste tes connaissances. – Lösungen

Grammatische Begriffe

l'adjectif *m.*	Adjektiv, Eigenschaftswort	bon, joli, petit
l'adverbe *m.*	Adverb	Anne travaille **bien**.
l'article défini *m.*	bestimmter Artikel	**le** prof, **la** copine
l'article indéfini *m.*	unbestimmter Artikel	**un** ami, **une** amie
le comparatif	Komparativ	Ève est **plus** belle que Léonie.
le complément d'objet direct	direktes Objekt	Paul visite **le musée**.
le complément d'objet indirect	indirektes Objekt	Je pose la question **à Léa**.
le conditionnel	das conditionnel	je **serais** (être, conditionnel présent)
la conjonction	Konjunktion	mais, ou, et, car, quand
le connecteur	Wort, das die Sätze oder die Satzteile verbindet	Il ne vient pas **car** il est malade. **D'abord**, je mange. **Après**, je pars travailler.
le déterminant démonstratif	Demonstrativbegleiter	**cet** homme, **cette** femme
le déterminant exclamatif	Ausrufebegleiter	**Quel** homme! **Quelle** faute!
le déterminant indéfini	indefiniter Begleiter	**Tout** le monde, **chaque** élève
le déterminant interrogatif	Fragebegleiter	**Quels** amis? **Quelle** ville?
le déterminant possessif	Possessivbegleiter	**mon** livre, **sa** bédé
le discours indirect	indirekte Rede	Il dit que Pierre arrive.
féminin/e	feminin, weiblich	**la** question, je **la** lis, **cette** bédé

la forme irrégulière	unregelmäßige Form	faire → ils font
la forme régulière	regelmäßige Form	écouter → ils écoutent
le futur composé	zusammengesetzte Futurform	je **vais travailler**
le futur simple	futur simple	je **dormirai**
le genre	Genus, Geschlecht (Maskulinum, Femininum)	le livre (*m.*), la bédé (*f.*)
le gérondif	das gérondif (Verlaufsform)	L'appétit vient **en mangeant**.
l'imparfait *m.*	imparfait (Vergangenheitsform)	j'écoutais, ils jouaient
l'impératif *m.*	Befehlsform, Imperativ	**Regarde** ce chat.
l'indicatif *m.*	Indikativ	je **suis** (être, indicatif présent)
l'infinif *m.*	Grundform (des Verbs), Infinitiv	aimer, finir, écrire
l'interrogation indirecte *f.*	indirekte Frage	Je me demande **si tu viendras**.
l'interrogation par inversion *f.*	Inversionsfrage	**Viens-tu** ce soir? **A-t-elle fini** son travail?
masculin/e	maskulin, männlich	**le** livre, je **le** lis, **ce** chat
le mode	Modus	Das Französische hat vier Modi: Indikativ, Imperativ, subjonctif und conditionnel.
la négation	Verneinung	Louis **n'**écoute **pas**.
le nom	Nomen, Substantiv	le **parc**, la **maison**
le nombre	Numerus, Zahl	l'/un homme (**Singular**), les/des hommes (**Plural**)
le nombre cardinal	Grundzahl	un, deux, dix, onze
le nombre ordinal	Ordnungszahl	le **premier** jour, la **deuxième** semaine
le participe	Partizip	visité, visitant; lu, lisant; eu, ayant
le passé composé	passé composé (Vergangenheitsform)	Il **a oublié**. Elle **est partie**.

la personne	Person (1./2./3. Person)	**Je lis** (1. Person Singular) un livre.
le pluriel	Plural	**les** voiture**s**, **les** bateau**x**
la préposition	Präposition, Verhältniswort	**pendant** le week-end, **à** Paris
le présent	Präsens	il **appelle** (appeler, indicatif présent), qu'elle **vienne** (venir, subjonctif présent)
le pronom démonstratif	Demonstrativpronomen	On prend ce CD? Ou **celui-ci**?
le pronom interrogatif	Fragepronomen	**Qui** est-ce **qui** t'appelle?
le pronom objet	Objektpronomen	Léo **lui** donne son livre. Ève **le** regarde.
le pronom personnel	Personalpronomen	**vous** travaillez, **il** arrive
le pronom réfléchi	Reflexivpronomen	Il **se** couche. Lave-**toi**.
le pronom relatif	Relativpronomen	L'homme **que** tu regardes.
la proposition interrogative	Fragesatz	**Qu'est-ce que tu fais?** Rien
la proposition principale	Hauptsatz	Sabine arrive à l'heure.
la proposition relative	Relativsatz	Un ami **que je connais bien.**
la proposition temporelle	Temporalsatz	**Quand Inès arrive**, ses amis sont contents.
le singulier	Singular	un ami, la copine
le subjonctif	der subjonctif	que je **sois** (être, subjonctif présent)
le superlatif	Superlativ	**la plus belle** forêt, **le meilleur** ami
le verbe	Verb	fermer, finir, répondre
le verbe auxiliaire	Hilfsverb	**être** venu, **avoir** regardé
le verbe modal	Modalverb	Il **doit** partir. Elle **veut** travailler.
le verbe pronominal	reflexives Verb	se promener, se dépêcher

Teste tes connaissances. – LÖSUNGEN

1. Gliederung von Texten   Structurer un texte   ▶ p.7

Structurer sa pensée	*Französische Grammatik* 📖 p.274/24.1
	Exercices ✕ p.9/1.1–1.2 ✓ p.10 /1.3, p.11/1.4–1.5

J'ai un ordinateur **mais** mes parents ne veulent pas que je l'utilise plus d'une heure par jour. Ils ont peur que je passe trop de temps sur Facebook ou sur d'autres réseaux sociaux. Je leur dis que **d'abord** j'ai quelquefois besoin d'Internet pour chercher des informations et que **deuxièmement** certains profs préfèrent les devoirs qu'on a tapés à l'ordinateur parce qu'ils peuvent les lire plus facilement.

Quant à eux, ils passent tous les soirs plusieurs heures devant la télévision. Ce n'est pas mieux.

Au contraire, c'est totalement passif **alors que** sur l'ordinateur, on est actif!

Comment est-ce que je pourrais convaincre mes parents de me laisser utiliser l'ordinateur comme je veux et quand je veux? Si vous avez des conseils ou des bonnes idées, écrivez-moi!

Formuler son avis et argumenter	*Französische Grammatik* 📖 p.275/24.1
	Exercices ✕ p.12/2.1, p.13/2.2 ✓ p.14/2.3–2.4, p.15/2.5

Je crois que tu ◯**doives** / ⊠**devrais** leur montrer ce que tu fais sur ton ordinateur. Ils seraient moins inquiets s'ils ⊠**voyaient** / ◯**verraient** que tu ne passes pas ton temps sur Facebook. À ta place, je leur ◯**montrerai** / ⊠**montrerais** comment je travaille.

Je ne pense pas que tu ◯**dois** / ⊠**doives** leur parler du temps qu'ils passent devant la télévision car ils sont sûrement fatigués après le travail. Il est normal qu'ils ◯**ont** / ⊠**aient** envie de se reposer. Je ne crois pas que ◯**c'est** / ⊠**ce soit** une bonne idée de leur faire des reproches.

Je t'assure qu'on ⊠**obtient** / ◯**obtienne** plus de choses si on évite les disputes.

Préciser et illustrer sa pensée	*Französische Grammatik* 📖 p.275/24.1
	Exercices ✕ p.15/3.1 ✓ p.16/3.2–3.3

Selon une étude qui a été faite en Californie, le temps que les adolescents passent sur Internet n'est pas du temps perdu. La sociologue Mizuko Ito, qui a dirigé cette étude, **affirme que** les nouveaux médias permettent aux jeunes de développer des savoir-faire qui leur seront utiles toute leur vie, **c'est-à-dire qu'**ils apprennent à créer des pages web ou à dialoguer avec les autres.

Mizuko Ito prétend qu'on exagère les dangers d'Internet. **En effet**, beaucoup de jeunes utilisent les technologies pour trouver des informations ou communiquer avec leurs amis.

Les expériences les plus productives naissent souvent quand les jeunes naviguent au hasard sur Internet. **Autrement dit**, si les parents limitent l'accès à Internet, ils empêchent leurs enfants de faire cette expérience.

Pour conclure, les éducateurs devraient accepter que les jeunes aient d'autres moyens d'apprendre que les moyens traditionnels.

2. Schreibabsichten und grammatische Strukturen   Des structures grammaticales utiles pour la rédaction d'un texte   ▶ **p.18**

Fonder le choix d'un sujet	*Französische Grammatik* 📖 p.277/24.2 Exercices ✗ p.20/1.1, p.21/1.2 ✓ p.21/1.3, p.22/1.4	
	correct	**faux**
Régis: Travailler dans une usine, est-ce un bon job d'été?	⊠	◯
Xavier: Ce que m'intéresse, c'est de travailler à la campagne.	**Ce qui**	⊠
Louis: Le job d'été de rêve, ça n'existe pas.	⊠	◯

Introduire l'argumentation	*Französische Grammatik* 📖 p.278/24.2 Exercices ✗ p.22/2.1 ✓ p.23/2.2	
	correct	**faux**
Léo: Il faut que mes parents et moi parlons de mon job d'été.	**parlions**	⊠
Mara: Un job d'été pour tous les jeunes? Voilà la question.	⊠	◯
Nathan: Parler d'un sujet important pour les ados: «le job d'été».	**Parlons**	⊠

Citer quelqu'un	*Französische Grammatik* 📖 p.278/24.2 Exercices ✗ p.23/3.1 ✓ p.24/3.2	
	correct	**faux**
Adèle: Mes parents ont dit je dois trouver un job d'été.	**ont dit que**	⊠
Alex: Mon grand frère se demande s'il va travailler cet été.	⊠	◯

Justifier une affirmation	*Französische Grammatik* 📖 p.278/24.2 Exercices ✗ p.24/4.1 ✓ p.25/4.2–4.3	
	correct	**faux**
Tristan: Ayant besoin d'argent, je vais travailler cet été.	⊠	◯
Mara: Je travaille dans un atelier de mode parce que j'aime la mode.	⊠	◯
Ninon: Je suis triste à cause de je n'ai pas trouvé de job d'été.	**parce que** je	⊠

Considérer les deux côtés d'une chose

Französische Grammatik 📖 p.279/24.2
Exercices ✗ p.26/5.1 ✓ p.26/5.2, p.27/5.3

	correct	faux
Jules: Un job d'été, ce n'est ni bon ni mauvais.	☒	◯
Sonia: <u>Bien que je suis crevée</u>, je travaille en été.	je **sois**	☒

Formuler des conditions

Französische Grammatik 📖 p.279/24.2
Exercices ✗ p.27/6.1 ✓ p.28/6.2

	correct	faux
Léo: <u>Si je ne trouverais pas de job</u>, je partirais pour l'Espagne.	**trouvais**	☒
Marco: <u>En cas de je ne travaille pas</u>, je resterais à la maison.	**Au cas où** je	☒
Nora: Si je réussis mon bac, je passerai d'abord mon permis.	☒	◯

Faire une description

Französische Grammatik 📖 p.279/24.2
Exercices ✗ p.28/7.1–7.2 ✓ p.29/7.3

	correct	faux
Nicolas: Anna Gavalda est <u>une auteure française connu</u>.	**connue**	☒
Clarisse: Oui, c'est une auteure <u>qui j'admire pour son talent</u>.	**que**	☒

Décrire des conséquences

Französische Grammatik 📖 p.280/24.2
Exercices ✗ p.30/8.1 ✓ p.30/8.2

Paul: Ma mère m'a appris à lire à l'âge de cinq ans afin que je ◯**n'ai pas** / ☒**n'aie pas** de difficultés à l'école.

Marie: Mes parents adorent voyager. Par conséquent, nous ☒**partons** / ◯**partirons** tous les étés dans un pays différent.

Formuler des suppositions, des certitudes et des jugements

Französische Grammatik 📖 p.280/24.2
Exercices ✗ p.31/9.1–9.2 ✓ p.32/9.3–9.4, p.33/9.5

Elsa: Je suis sûre que mes parents ☒**ont eu** / ◯**aient** une jeunesse plus facile que la mienne.

David: Je crois que mes parents ◯**ont été** / ☒**étaient** tous les deux des bons élèves.

Julie: Je trouve normal que les parents ◯**peuvent** / ☒**puissent** se retrouver seuls.

3. Gesprochenes und geschriebenes Französisch
Français parlé et français écrit   ▶ p.36

Le français familier	Französische Grammatik 📙 p.283/24.3.2 Exercices ✕ p.37/1.1–1.2 ✓ p.38/1.3		
	français standard	français familier	français soutenu
André: T'as fait quoi pendant les vacances?	◯	⊠	◯
Élodie: J'ai passé une semaine chez mes grands-parents.	⊠	◯	◯
André: As-tu eu du beau temps?	◯	◯	⊠
Élodie: Ouais. Le temps, il a été trop génial.	◯	⊠	◯
André: Tes grands-parents, t'ont-ils emmenée visiter la région?	◯	◯	⊠
Élodie: Oui, nous avons fait des excursions très agréables.	⊠	◯	◯

Le français soutenu	Französische Grammatik 📙 p.283/24.3.3 Exercices ✕ p.39/2.1 ✓ p.40/2.3, p.41/2.4		
	français standard	français familier	français soutenu
André: Tu faisais quoi pendant tes vacances? Du sport?	◯	⊠	◯
Élodie: N'aimant pas trop le sport, je préférais lire.	◯	◯	⊠
André: Quand es-tu rentrée de vacances?	◯	◯	⊠
Élodie: Je suis rentrée la semaine dernière.	⊠	◯	◯
André: Est-ce que tu vas déjà travailler?	⊠	◯	◯
Élodie: Non, je ne travaillerai qu'à partir de jeudi.	◯	◯	⊠

4. Grammatikstrukturen für bestimmte Textsorten
Structures grammaticales selon les textes   ▶ p.47

Le résumé	Französische Grammatik 📙 p.285/24.4 Exercices ✕ p.48/1.1 ✓ p.48/1.2, p.49/1.3, p.57/4.1

a) Le résumé n° 2

b) Le résumé n° 1 n'indique pas quel est le thème de l'histoire. Il donne des détails sur le portrait physique de Vinca et Paul. Ces détails ne sont pas nécessaires pour un résumé.
Dans le résumé n° 3, il y a des phrases au présent et au passé. Il ne donne pas le thème du roman.

Le portrait physique et moral	*Französische Grammatik* 📖 p.286/24.5
	Exercices ✗ p.51/2.1–2.2, p.52/2.3 ✓ p.53/2.4, p.55/2.5

1. Dans le film «Le fabuleux destin d'Amélie Poulain», la **séduisante** actrice, Audrey Tautou, joue le rôle d'une femme **originale** qui fait des farces à tout le monde.

2. Gérard Depardieu est un acteur **extraordinaire** et **sûr** de lui. Il a une **forte** personnalité.

3. Humoriste et acteur, Omar Sy a toujours l'air **heureux**. Il est connu pour sa **bonne** humeur.

4. L'actrice Catherine Deneuve est une femme **élégante** qui a une **longue** et **impressionante** carrière derrière elle.

5. Sophie Marceau est une **belle** actrice **moderne** qui est devenue **célèbre** avec le film «La boum».

Le commentaire	*Französische Grammatik* 📖 p.288/24.6
	Exercices ✗ p.56/3.1 ✓ p.57/3.2

1. ☒ **Voilà** / ◯ **D'abord** le film dont je voudrais parler. Il s'appelle «The Artist».

2. Je suis heureux que le film «The Artist» ◯ **a eu** / ☒ **ait eu** du succès.

3. ☒ **D'un côté** / ◯ **Bien que**, le film raconte l'histoire d'un acteur de cinéma muet qui n'a plus de succès.

4. On pourrait ☒ **alors** / ◯ **finalement** penser qu'il s'agit d'un film triste.

5. ◯ **Heureusement** / ☒ **De l'autre côté**, une histoire d'amour donne une note joyeuse au film.

6. C'est un film plein d'humour, ☒ **voilà pourquoi** / ◯ **parce qu'**il m'a plu.

Décrire et commenter une caricature / un schéma	*Französische Grammatik* 📖 p.291/24.8
	Exercices ✗ p.59/5.1 ✓ p.61/5.2, p.62/5.3

1. Pour écrire le commentaire d'une caricature, il faut commencer par ...
   ☒ **la description.**
   ◯ **le commentaire.**
2. Pour faire une description, il faut ...
   ☒ **juste décrire ce que tu vois.**
   ◯ **décrire et interpréter ce que tu vois.**
3. Il faut utiliser des verbes ...
   ☒ **au présent.**
   ◯ **au passé.**
4. Après les expressions de la valorisation (par exemple: *je trouve bien que* etc.), il faut le plus souvent ...
   ◯ **l'indicatif.**
   ☒ **le subjonctif.**
5. À la fin du commentaire, tu dois donner ton avis sur la caricature?
   ☒ **oui**
   ◯ **non**

La narration	*Französische Grammatik* 📖 p.293/24.9
	Exercices ✗ p.63/6.1, p.64/6.2 ✓ p.65/6.3–6.4

Structures grammaticales	Exemples dans le texte
Phrases interrogatives	– «Je peux vous aider?» – Et devinez ce qui s'est passé?
Phrases exclamatives	– «C'est bien ma chance!» – «Des nouvelles chaussures et elles sont déjà cassées! – «Merci, c'est vraiment gentil de votre part!» – «Allons-y!»
Phrases au style direct	– «C'est bien ma chance!» – «Des nouvelles chaussures et elles sont déjà cassées! Et en plus je me suis fait mal aux genoux.» – «Merci, c'est vraiment gentil de votre part!» – «Je peux vous aider? Je suis cordonnier. Je pourrais réparer votre chaussure.» – «Mon magasin est juste à côté d'ici. Allons-y!» – «J'ai encore d'autres chaussures à faire réparer, je vous les apporterai.»
Les différents temps des verbes	imparfait, passé composé, plus-que-parfait, présent historique
Un adverbe en tête de phrase	– Gentiment
Une proposition infinitive	– Mais quelques minutes après être sortie du magasin
Une proposition avec un participe passé	– Arrivé au magasin
Un gérondif	– en tombant
Connecteurs	– Aujourd'hui – Mais – Puis – Et en plus – après
Les deux points pour relier deux parties de la phrase	Aujourd'hui elle a décidé de se faire un petit cadeau: une nouvelle paire de chaussures à talons.

Lettres et messages

Französische Grammatik 📖 p. 294/24.10
Exercices ✗ p. 66/7.1 ✓ p. 67/7.2, p. 69/7.3

1

Madame,

Je suis vraiment très heureuse que vous ayez accepté ma candidature. Je viendrai à l'entretien.

☒ Veuillez agréer l'expression de mes sentiments les meilleurs.

◯ Bien cordialement

2

Chère Amélie,

J'ai appris que tu as été malade. J'espère que tu vas mieux maintenant.

◯ Bien cordialement

☒ Grosses bises

3

Chère Madame,

Je vous remercie encore pour votre soutien cette année. C'est grâce à vous si j'ai réussi l'examen.

◯ Je vous prie d'agréer, Madame, l'assurance de mes salutations distinguées.

☒ Bien cordialement